심리를 파고들어 설득 표현하는

심리학, 서사적 말하기

심리를 파고들어
설득 표현하는

심리학,
서사적 말하기

김기수 지음

> **네러티브(Narrative) 시대의 리더가 되는 법칙**
>
> 우리말은 이성적 말하기에서 감성적 말하기를 거쳐 새로운
> 패러다임인 내러티브(Narrative) 시대 서사적 말하기로 접어들었다.
> 세상이 아무리 첨단과학 시대가 되더라도 리더십은 우리말 스피치가
> 중요하다. 생각을 밖으로 드러내지 않고서 대중을 설득한다는 것은 그
> 자체로 난센스다. 리더십 역시 적절하고 합리적인 논리로 대중 앞에
> 파고들 때야 발휘될 수 있다. 리더십은 그래서 끊임없이 앞에 나서고,
> 서사적으로 표현하는 노력이라고 말할 수 있다.

생각나눔

머/리/말

　우리말은 이성적 말하기에서 감성적 말하기를 거쳐 새로운 패러다임인 내러티브(Narrative) 시대 서사적 말하기로 접어들었다.

　세상이 아무리 첨단과학 시대가 되더라도 리더십은 우리말 스피치가 중요하다. 생각을 밖으로 드러내지 않고서 대중을 설득한다는 것은 그 자체로 난센스다. 리더십 역시 적절하고 합리적인 논리로 대중 앞에 파고들 때야 발휘될 수 있다. 리더십은 그래서 끊임없이 앞에 나서고, 서사적으로 표현하는 노력이라고 말할 수 있다.

　꼭 리더십이 아니라도 표현되지 않는 지식은 아무런 의미가 없다. 창고에 쌓아놓고만 있는 억만금이 아무짝에도 쓸모없는 것과 마찬가지다. 즉, 재화는 적절히 투자되고 활용될 때 엄청난 가치가 발현되는 것이다. 말은 그래서 밖으로 드러낼 때 그 가치가 완성된다. 말에 힘과 부드러움이 있고, 긍정적인 논리가 더해진다면 천군만마보다 더 큰 리더십이 발휘될 수 있다. 그것이 바로 말의 위대함이다.

우리말 스피치 전문가도 대중을 대할 때마다 긴장감에 휩싸인다고 한다. 대중을 상대로 하는 표현과 설득이 두렵고 떨리는 건 인간의 천성에 가깝다. 단지 그들은 끊임없는 노력과 용기, 반복적인 훈련을 통해 아무렇지 않은 것처럼 보일 수 있게 되었을 뿐이다.

말은 그래서 일상에서 자신이 가장 자주 쓰는 언어로 표현하는 것이 좋다. 추상적이고 관념적인, 멋있어 보이는 말들로 꾸미다 보면 스스로 자연스러움을 유지하기 어렵다. 어딘가 어색하고 답답하다는 생각이 들기 시작하면 말에 힘이 실릴 수가 없기 때문이다. 좀 더 편안한 어투로 쉽고 간결하게 말하는 연습이 오늘날 우리말 스피치의 시작이다.

글을 쓸 때도 마찬가지지만, 말 역시도 중학생 수준이 가장 좋다고 한다. 듣는 사람의 평균 수준을 중학생 정도로 생각하고 말하면 자신감도 생기고 실수도 줄어들게 돼있다. 아나운서도 그 수준에 맞춰 말한다. 시청자에게 가장 듣기 편한 방송은 역시 중학생 수준이라는 것이다. 불가피하게 한자어나 개념어, 외국어를 써야 한다면 그것도 역시 중학생이 알아들을 수 있는 수준에서 선택하면 된다.

루스벨트 대통령은 스피치 연설가로 변하기까지를 이렇게 고백했다.

"나는 허약한 체질로 태어나 심약한 소년으로 자랐다. 그래서 성인이 돼서도 신경질적이고, 나의 능력에 대해서도 회의적이었다. 그래서 나는 피눈물 나는 노력으로 육체는 물론 정신까지 단련해야 했다."

루스벨트뿐만이 아니다. 우리 모두 다 자신만의 우리말 스피치 기법을 만들어 연습하다 보면 실제로 그렇게 담대해질 수 있다는 확신을 갖는 것이 중요하다. 독자들이 이 책을 통해 새로운 자신감, 삶의 활력이 충만해지기를 간절히 기도한다.

이 책을 쓴 건 오직 바람직한 서사적 말하기 표현력과 소통에 대한 간절함 때문이다. 많은 사람이 자신을 표현하고 세상과 소통하는 데 활력이 넘치면서도 자연스러워지기를 바란다. 특히, 스스로 소심하고 나약하다고 생각하는 대다수의 평범한 대중이 살아 숨 쉬는 서사적 표현과 소통으로 자신감을 찾고 대중 앞에서 좀 더 당당해지는 데 도움이 되기를 기대한다.

끝으로 이 책이 나오기까지 도움을 주신 (주)대운산업개발 대표이사 함경식 님, 인문리더십과정 운영위원장 유장명 님, 양병두 회장님, 리영식 회장님, 김경섭 국장님, 황금석 회장님, 김대호 님, 이원진 님, 이성근 님, 신지웅 님, 나훈이 님, 노민영 님, 은종광 님, 노연선 님 그리고 나와 함께 공부하는 사랑하는 모든 원우님들에게 감사의 말을 전한다.

2023. 12.

김기수

심리학, 서사적 말하기

제1장

스피치 심리학의 정의

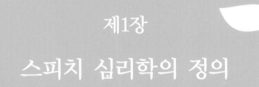

훌륭한 인격이 설득을 잘한다.

말의 핵심은 설득이다. 스피치 공부의 궁극적인 목적은 설득인데 설득을 잘하기 위해서는 우선 훌륭한 인격을 갖추고 있어야 한다. 또한 말의 기본을 알고 있는 상태에서 내용의 준비 역시 철저하게 하는 것이 중요하다. 상대를 알고 상대의 말에 귀 기울일 줄 아는 자세 역시 설득의 표현력에서 기본이다. 순간순간의 재치와 유머는 물론이고 상대를 존중하며 칭찬의 말로 기분을 좋게 만들 수 있는 능력은 남을 설득하는 데 있어 중요한 요소가 된다. 요즈음 이루어지는 비즈니스에는 특히 표현력이 필요하다. 자신만이 가지는 설득의 표현력을 차근차근 만들어라.

TIP

우선 가족들에게 잘하라. 자녀와의 대화, 사랑하는 아내, 남편 그리고 직장동료, 친구 등에게 설득할 내용을 미리 준비해서 시작해보라. 물론 표현력을 사용해야 설득의 효과를 높일 수 있다. 진심 어린 내용, 손짓, 눈, 표정이 중요하다. 그러면 설득이 훨씬 더 수월하게 이루어질 것이다.

신뢰감을 높이는 경청

　사람들은 말을 잘 들어주는 사람을 좋아한다. 사람들은 본능적으로 말을 듣는 것보다는 말하기를 좋아하기 때문이다. 상대의 말을 들어주며 부드럽게 호흡을 맞춰라. 그리고 공감대를 형성하라.

　최대한 경청한 후에 자신의 생각이 담긴 결론을 역시 부드럽게 그러면서도 정확히 말하라. 진심 어린 눈빛으로 경청하고 예의를 갖춰라. 진정한 리더가 되고 싶다면 먼저 경청하는 방법부터 터득하라. 경청하며 정보를 습득하라. 경청하며 나만의 스피치 기법을 연구하라. 경청하며 여유를 배워라. 경청하며 상대를 느껴보라.

TIP

공감하면 고개를 끄덕여라. 그리고 좋은 얼굴로 대하라.
다른 사람의 말을 들어주는 경청 습관이 무엇보다 필요하다. 여유를 갖기 위해서도 경청은 중요하다. 경청하면서 상대의 생각을 알고 자신의 생각을 다듬을 수 있기 때문이다. 자신만의 경청하는 기법을 만들어 연습하는 것도 효과적이다.

타인과의 공생, 배려

인간은 사회적 동물이고 모든 사회생활은 타인과의 공생을 의미한다. 독불장군은 살아남을 수 없다는 말처럼 자기 혼자만 잘나서는 매사가 원만하게 돌아갈 수 없다. 그래서 다른 사람에게 설득력을 인정받는 필요조건이 바로 배려다. 배려란 바로 누군가를 대할 때 상대방의 입장에서 먼저 생각하고 이해하는 마음 씀씀이를 가리킨다.

예를 들어 힘들어 보이는 동료나 부하 직원에게 "많이 안 좋아 보이네요. 오늘 일찍 퇴근해서 쉬도록 하세요." 등과 같이 상대방의 처지를 헤아리고 깊은 배려와 따뜻한 말 한마디를 건넬 수 있다면 이는 곧 다른 사람(상대)에게는 깊은 감동으로 다가가게 된다.

'외국 사람들은 길거리에서 실수로 옷깃만 스쳐도 "미안합니다."라고 말한다. 타인을 배려하는 마음이 문화로 정착하고 생활화되어 가능한 일이다. 극히 한정된 사례이기는 하지만 우리나라에서는 이런 일로 "왜 치고 지나가느냐?" 하며 시비가 붙기도 한다.

타인에 대한 배려는 크든 작든 상대에게 감동을 줄 수 있다.

사람도, 사회도 타인의 아픔과 약점까지도 배려하여 끌어안을 수 있는 넓은 마음을 가진다면 이 세상은 더욱 멋진 세상이 되지 않을까? 남보다 더 많이 가질수록, 겸손하고 타인을 배려하는 마음을 가질 때 모두에게 존경받는 진정한 리더로 성공할 수 있는 것이다.

TIP

주변 사람을 돌아보라. 그리고 그들의 입장에서 생각하고 항상 고마움을 가질 수 있도록 습관을 길러라. 상대를 위한다고 하면서 자신의 처지나 이익이 먼저이고 상대는 나중이라면 이는 진정한 배려라 할 수 없다.

겸손의 힘

　겸손의 힘은 위대하다. 자기 자신을 절제와 통제로 다스리게 하는 중요한 힘으로 작용하기 때문이다. 러시아 작가 톨스토이는 "겸손한 사람은 모든 사람에게서 호감을 살 수 있다."라고 말했다. 그만큼 사람들은 겸손한 사람에게서 좋은 인상을 받고 높은 점수를 준다는 것이다.

　물론 너무 지나친 겸손은 오히려 독이 될 수도 있다. 요즈음은 말과 행동으로 하는 표현력이 적절하게 잘 이루어지도록 하는 조화 능력이 그 어느 때보다 필요한 시대이기 때문이다. 그렇다고 하더라도 이런 표현이 상대에게 거만하거나 무례로 비친다면 오히려 역효과를 나타낸다.

　때와 장소, 일과 생활 속에서 겸손은 절대적으로 필요하다.

TIP

평상시 자신에 대해 자주 생각할 수 있어야 한다.
지금의 나는 다른 사람에게 어떻게 말하고 행동하고 있는지 생각하라. 하루에 몇 번씩이라도 반성하는 시간을 가져라. 너무 튀는 행동과 말은 상대방에게 상처를 줄 수도 있다는 점을 명심하라.

몸에도 언어가 있다

스피치(Speech)라고 하면 우리는 흔히 말을 먼저 떠올리지만 사실 스피치는 말로만 실행하는 것은 아니다.

말과 함께 자연스러운 몸동작이 따라주어야 전달되는 내용도 있기 때문이다. 흔히 우리가 몸의 언어(Body Language)라 부르는 몸짓언어도 스피치를 실행할 때 여러 가지 중요한 역할을 수행하게 된다. 스피치 상대는 항상 나의 움직임을 보고 있다는 것을 알아야 한다.

TIP

항상 당당한 자세와 활기찬 표정을 가질 수 있도록 연습하라. 몸짓언어는 감정의 상태(자신감, 불안감 등)를 있는 그대로 표현하게 된다. 거울 앞에서 자신의 몸 전체를 바라보면서 적당한 손동작, 자연스러운 시선, 몸의 움직임을 살펴라. 나만의 몸 짓언어를 만들어 사람들 앞에 당당하게 나서라.

표정의 기술, 상대를 사로잡는 시선

눈에서 뇌로 통하는 신경은 귀에서 뇌로 통하는 신경보다 몇 배나 강력하다. 눈에서 오는 강도가 다른 것에 비해 25배 정도 높다는 것이다.

눈은 마음의 창이다. 여러 사람을 따뜻하고 자연스럽게 골고루 쳐다볼 수 있어야 한다. 유독 한 사람만을 뚫어지게 쳐다보는 것은 좋지 않다.

상대의 마음을 읽고 싶고 진심을 알고 싶을 때에도 시선은 자연히 그 사람에게 향하게 되어 있다. 그만큼 시선은 스피치에 있어 너무나 중요하다.

TIP

눈을 크게 뜨고 거울 앞에서 연습하라. 자신의 모습을 보며 스마일라인을 만들어라. 이 세상에서 제일 예쁜 표정을 만들어 보는 것이 중요하다.

눈빛으로 마음을 읽는다

눈빛은 겉으로 드러나는 표정과 말 동작 등 감춰진 진심이 담겨 있다. 상대에게 호감을 갖고 있다면 자신의 마음을 전하려고 눈빛은 자연스럽게 상대방을 향하는 횟수가 늘어난다. 눈빛으로 마음을 표현하는 것이다.

일상적인 대화에서는 전체 대화 시간의 61%는 상대의 눈을 사용하는 데 활용한다는 연구결과도 있다. 한번 상대의 눈을 쳐다보는 시간은 3초이며 대화하는 눈이 마주치는 시간은 전체의 1%로 평균 1초라 한다.

다만, 눈빛의 표현에서 상대를 뚫어지게 보는 것은 좋지 않다.

TIP

시선으로 상대방을 편안하게 하는 방법은 눈의 초점을 상대방의 얼굴 중심부에 멍하니 맞춘다. 긴 시간 응시하지 않는다. 시선을 맞추고, 거두는 것은 한 박자 뒤에 한다.

상대를 편안하게 하는 어깨

어깨에 힘이 실리면 상대방은 어깨에 시선을 두게 된다. 이렇게 되면 듣는 사람에겐 위협적일 수도 있고 불편한 관계가 된다. 또 어깨가 중심이 되면 전달력이 떨어지고 불안한 스피치를 할 수밖에 없다.

말하는 사람은 중심을 단전에 두어야 한다. 단전에 실린 중심은 목소리나, 자세, 호소력에서 상대에게 호감을 높인다.

어깨에 최대한 힘을 빼고 자연스러운 몸동작을 유지하라.

어깨는 그 사람의 진실을 보여주는 하나의 모습이기도 하다.

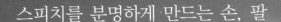

스피치를 분명하게 만드는 손, 팔

　스피치는 듣는 청각적인 면도 중요하지만 시각적인 표현을 하게 되면 55% 이상 스피치 전달력 향상을 가져 온다는 연구결과가 있다. 손과 팔의 움직임은 강한 표현력과 신뢰도를 갖게 해준다.

　미국의 심리학자 앨버트 메라비언은 메시지를 전달할 때 목소리가 38퍼센트, 표정과 태도 등 보디랭귀지가 55퍼센트를 차지하며 말로 하는 내용은 7퍼센트만 전달된다고 하였다. 결국 표정과 태도가 좋으면 총 스피치의 90퍼센트 이상 전달에 성공하는 것이다.

말을 강조하거나 사람, 방향, 사물을 가리킬 때 꼭 팔과 손을 올바르게 사용하는 습관을 길러야 대화나 토론을 할 때 유리하다.

손바닥에 진심을 담기 위해 우리는 계속 노력해야 한다.

TIP

행사장 등에서 스피치를 시작할 때는 기후 등을 언급하며 오른손을 들고 표현을 시작하라. 대중의 시선을 끌어모으며 전달력이 높아진다.

(오른손을 들어 가리키며) 지금 창밖에는 봄을 알리는 봄비가 내리고 있습니다.
여러분! 제가 제일 존경하는 어머님을 이 자리에 모시겠습니다.

스피치를 세련되게 해주는 발음, 입 모양

발음을 정확하게 해야 전달력이 높아지고 활기찬 스피치를 구사할 수 있다. 그러므로 발음연습을 꾸준히 열심히 해야 한다. 입 모양이 예뻐야 발음이 정확하며 같은 단어라도 세련된 용어로 생각하게 한다.

TIP

국어의 표준어법에 대해 공부하고 자주 접하며 따라 해보길 권한다. 입을 최대한 크게 벌리고 연습하라. 예를 들어 "저기~"라고 할 때 오른손으로 그곳을 가리키는 등의 손짓과 같은 동작을 사용해보라.

진심을 알 수 있는 머리

사람들은 흥미를 느낄 때는 머리를 그쪽으로 돌리고 흥미 없을 때나 부끄러울 때, 슬플 때는 고개를 숙인다는 연구결과가 있다. 사람은 본능적으로 이 자세를 취해 자신의 감정을 상대에게 전달한다는 것이다. 스피치할 때 다른 사람의 머리를 보라. 누가 지루해하는지 한눈에 알 수 있을 것이다.

자신감은 가슴에서 나온다.

  자신감 있는 사람은 언제나 당당하게 가슴을 편다. 반면 자신감이 없는 사람은 가슴과 고개를 숙인다. 사람들은 그 사람의 가슴만 봐도 그 사람의 심리상태를 파악할 수 있다.

  항상 가슴을 펴자. 가슴을 펴면 스피치가 편해진다. 그리고 당당해진다. 세계를 주름잡는 리더들을 보라. 그들은 한결같이 가슴을 펴고 당당하게 자신의 생각을 말한다.

  몸의 표현력은 좋은 인간관계를 만들 때 간과해서는 안 될 중요한 요소이다. 이는 다른 사람에게 영향을 주고 자기감정을 컨트롤 할 수 있게 한다.

  항상 가슴을 펴고 자기가 최고라는 자신감을 갖자.

감정과 관계가 깊은 목소리

사람을 판단할 때는 외모와 함께 목소리와 이야기하는 방식이 결정적이다. 청각에 의한 심리분석은 보통 생각 이상으로 결정적인 힘을 갖는다. 청각에 의한 인상은 시각에 의한 첫인상 다음으로 중요한 포인트라 할 수 있다.

억양이 없는 평탄한 리듬으로 길게 말하면 지루해진다. 내용에 따른 변화를 주어야 하고 현장감 있게 목소리를 구사해야 지루하지 않게 감동을 줄 수 있다.

우리나라 말은 잔잔한 호수에 물결이 치듯 해야 한다. 그리고 여유 있게 천천히 중간목소리로 밝고 분명하게 하는 것이 좋다.

듣는 사람들의 마음을 편안하게 해주는 스피치가 최고다.

> TIP
>
> '내 목소리는 이 세상 최고다.'라는 자신감으로 연습하라. 그래야, 상대의 귓가에 기분 좋게 울려 퍼져 많은 사랑을 받는다.

눈과 몸의 자연스러운 움직임

사람과 사람이 마주하는 데서부터 대화가 시작된다.

대화를 할 때 눈과 자연스러운 몸은 대단히 중요하다. 몸은 편안하게 바른 자세를 유지하고 눈은 내려뜨지 않아야 한다. 허공이나 다른 곳을 보면 부자연스럽다.

내용에 따라 들어줄 때나 말할 때 상대의 눈을 적절하게 응시하면서 진심을 전달해야 한다.

살찐 사람은 비호감이 될 수 있다.

　사람들은 평범한 체형의 사람을 좋아한다. 뚱뚱해서 조금만 움직여도 숨이 차고 땀이 비 오듯 흘러내리면 그 사람의 말을 잘 들어주지 않는다. 진지하게 들어주려 해도 시선은 뚱뚱한 몸매가 거슬리게 된다.

　심리학 데이터를 봐도 살찐 사람은 대개 좋은 평가를 받지 못한다. 요즘 TV프로그램에서도 다이어트 방송을 많이 내보낸다. 분명히 차별이다. 그렇다고 분개만 하고 있을 일은 아니다. 호감도 주고, 건강을 위해서도 다이어트를 하는 것이 꼭 필요하다. 다이어트는 주변 사람에게 호감을 줄뿐 아니라 자신감마저 높이는 일거양득의 효과가 있다.

　오늘부터 당장 시작하라! 당신의 미래를 위해.

TIP

영국 위스트민스터 대학교의 비렌 스와미(Viren Swami) 박사가 남성에게 여성 50명의 사진을 보여주고 "여러분은 그 여성을 업무에 채용하고 싶은가? 그리고 그녀의 업무를 도와주고 싶은가?"라고 질문했다. 참고로 사진에 찍힌 여성은 살찐 여성부터 마른 여성까지 다양했다. 그 결과 남성들은 표준보다 약간 마른 사람에게는 호감을 보였지만 지나치게 살찐 사람에게는 그렇지 않았다.

심리학, 서사적 말하기

제2장

얼굴 심리학

얼굴은 거짓말을 하지 않는다.

얼굴은 행복할 때 미소를 짓고 화가 났을 때는 찌푸린다. 이처럼 얼굴은 거짓말을 하지 못한다.

에크만은 인간의 얼굴에는 기쁨, 놀람, 슬픔, 공포, 혐오, 분노라는 여섯 가지 기본 표정이 있다고 했다. 이 여섯 가지를 살펴보면 기쁨을 제외한 나머지 표정은 전부 부정적이다. 인간관계에서는 좋은 얼굴을 기억하기보다는 부정적인 얼굴을 잘 기억하는 이유도 여기에 있다. 따라서 스스로 항상 좋은 얼굴을 만들고 생활하려는 자세가 중요하다.

미소가 있는 표정

  얼굴의 표정은 말하는 이의 감정 상태를 그대로 드러낸다. 따라서 경직되거나 찡그리거나 붉은 얼굴은 불안하다는 것을 의미하므로 표정관리에도 신경을 써야 한다.

  스피치를 할 때 가장 좋은 표정은 약간의 미소를 띤 표정이다. 또한 얼굴의 표정은 내용에 따라 적절히 변화할 줄도 알아야 한다. 얼굴에 희로애락이 표현되면 더 좋다.

TIP

눈을 크게 뜨고 거울 앞에서 연습하라. 자신의 모습을 보며 스마일라인을 만들어라. 이 세상에서 제일 예쁜 표정을 만들어 보는 것이 중요하다.

사회생활을 하면서 사람과의 만남은 매우 중요하다. 그중에서도 매너 있는 사람은 항상 남들로부터 대우를 받게 되는데 특히 첫인상을 결정하는 것은 몸가짐이므로 늘 신경을 써야 하는 부분이다.

상식이 있고 세련된 말투로 상대를 배려하자. 첫 만남 후 30초 안에 결정되는 첫인상은 평소의 습관에서부터 결정된다. 리더십을 키우기 위해서는 기본적인 몸가짐부터 갖춰야 하며 남 앞에 자신 있게 나설 수 있도록 매일 노력해야 한다. 첫인상은 그 사람의 감정 상태를 그대로 드러낸다.

"안녕하세요? 만나서 반갑습니다." 우선 인사부터 미소로 만들어라.

경직, 찡그림, 붉은 얼굴은 불안하다는 것을 의미한다. 항상 표정관리에 힘쓰자. 상대의 눈을 바라보는 일은 매우 중요하다.

TIP

스피치를 할 때 가장 좋은 표정은 약간의 미소를 띤 표정이다. 거울을 보고 계속해서 연습하라. 표정은 내용의 변화에 따라 적절히 변화를 주는 연습이 필요하다. 오늘부터라도 스마일라인을 꼭 만들자. "진달래, 민들레, 진달래, 민들레"를 반복하여 발음해보고, 스마일라인을 만들자.

성공하는 이미지 메이킹

자신의 전체적인 표정, 생김새, 음성, 머리모양, 옷차림 등을 이용해 하나의 이미지를 만들자. 이러한 것들의 특유한 감정과 느낌이 이미지다.

인생의 성공과 실패를 좌우하는 이미지는 요즘 시대에 무척 중요한 것으로 항상 자신의 이미지 관리에 최선을 다해야 한다.

이미지는 자신이 만들어가야 하며 자기가 닮고 싶은 이미지를 만들어 부단한 노력이 추가로 따라야 한다. 세계적으로도 이미지를 제대로 창출하여 성공한 사람은 무수히 많다.

현재 나의 이미지를 만들어 부족한 점을 수정보완하고 닮고 싶은 이미지를 만들어라. 그리고 행동하라. 자신감 있는 정열적인 사람! 밝고 깨끗한 사람!

> **TIP**
>
> 닮고 싶은 이미지를 만들어 표를 만들고 큰소리로 읽어라. 그러면 반드시 이루어진다. 이루어질 때까지 외치고 또 외쳐라.

백만 불짜리 미소가 갖는 힘

자신만의 백만 불짜리 미소를 만들어야 한다.

아름다운 미소, 상대방의 마음을 편안하게 해주는 미소를 만들어라. 거울에 비친 자신의 미소에 몇 점을 줄 수 있는가? 반성하고 100점이 되도록 주변 사람에게 자문하며 연습하라.

연기를 하는 배우들도 감정몰입을 위해 가장 행복했던 순간들을 떠올린다고 한다. 마음속에서 우러나오는 진실한 미소를 위해 눈을 감고 행복했던 일들을 떠올려 보자. 당신의 입가에 자연스러운 미소가 번질 것이다.

자신만의 스마일라인을 만들어라.

얼굴, 외모를 가꿔라.

스피치를 잘하는 사람은 유행과 시대에 맞게 얼굴관리, 헤어스타일, 의상을 준비한다. 기왕이면 남 앞에서 잘 보이면 얼마나 좋은가?

돈이 많이 들어가는 차림새가 아니라 단정하고 몸에 맞는 스타일로 상대를 감동시켜야 한다.

웃는 얼굴은 위대하다.

웃는 얼굴에는 대단한 힘이 있다. 고민을 안고 있을 때나 침울해지면 금방 얼굴도 마음도 굳어버린다.

마음을 바꾸는 것은 어렵지만 표정은 순간적으로 바꿀 수가 있다. 웃는 얼굴은 자기뿐만 아니라 주변도 행복하게 하는 힘을 갖고 있다. 웃는 얼굴로 불쾌해할 사람은 아무도 없다.

웃는 얼굴에는 웃는 얼굴로 대하고 싶어진다. 예를 들어 어떤 자리에서 말할 때 자기에게 예쁜 미소의 얼굴로 고개를 끄덕이는 사람이 있다고 하자. 그러면 자기도 모르게 그 사람만 보고 이야기를 하게 된다. 웃는 얼굴은 '나는 당신 편이에요'라는 메시지를 담고 있다.

> **TIP**
>
> 마음속에 생각이 어떻든 간에 '씨익' 하고 볼의 긴장을 푸는 동작을 하자.
> 결국 자기의 마음을 풀리게 하고 그 자리의 공기를 부드럽게 하여 상대방의 마음도 풀어준다.

얼굴색을 빨갛게 하지 마라

얼굴이 상기되는 현상은 무의식적으로 일어나기 때문에 꾸밈이 없는 정직한
감정이다.

원래 부끄러움을 많이 타고 긴장을 잘하는 사람들은 얼굴이 상기된다. 특히
스피치하면서 상기되면 긴장감으로 연결되기 때문에 편안한 안색이 중요하다.

유머와 미소가 나의 성공이다.

유머는 독설이나 비웃음과는 거리가 멀다. 함께 웃는 해학이다. 여유가 있는 사람은 유머도 있고 상대방의 유머도 받아들인다.

유머나 웃음이 어느 특정한 나라 사람들에게만 풍부한 것은 아니다. 웃음은 세계 공통어다. 나라마다 울음소리를 다르게 표현하며 동물 울음소리도 다르게 표현한다. 그러나 웃음소리는 모두 '하하하'라고 표현한다. 한마디로 세계를 하나로 묶어주는 공통어이며 사람과 사람 사이를 연결하는 공통어이다.

세계적으로 성공한 사람들의 공통점을 보면 유머감각이 있다는 사실을 주목하기 바란다. 아무리 어려운 일이 있어도 유머감각으로 헤쳐나갔으며 유머 감각으로 주변 사람을 융화시켰다.

심리학, 서사적 말하기

제3장

인간관계와 감성표현력 스피치

말 한마디로 상대의 호감을 불러일으키고, 누구나 고개를 끄덕이고 맞장구치는 이야기를 하고 싶다면 우선 나, 자기 자신에 대해 정확하게 표현할 줄 알아야 한다.

오늘날 우리는 자신을 스스로 알려야 하는 표현의 시대에 살고 있다. 하지만 일상생활 혹은 사회생활 속에서 자신을 제대로 표현하기란 정말 어려운 일이다.

높은 IQ(지능지수: Intelligence Quotient)가 최고 대접을 받던 지난 시대와는 달리 현재 우리가 사는 이 시대는 EQ(감성지수: Emotional Quotient)를 더 특별히 여기고 있다. EQ란 쉽게 말해 마음의 지능지수(감정적 지능지수)이다. 즉, EQ는 자신과 다른 사람의 감정을 이해하는 능력과 삶을 풍요롭게 하는 방향으로 감정을 통제할 줄 아는 능력을 의미한다.

EQ가 높은 사람은 갈등 상황을 만났을 때 그 상황을 분석하고 자신의 처지를 정확하게 인식할 수 있는 능력을 갖추고 있다. 감정적 대응을 자제함과 동시에 다른 사람을 이해하고 소통하는 공감 능력이 뛰어나기 때문이다.

미국의 교육학자들은 친구들과 잘 어울려 놀지 못하는 아이가 학교를 중퇴할 확률이 평균보다 8배나 높다는 사실을 파악하고 유아기부터 EQ를 키우는 감성 교육을 하도록 권고한다.

이 시대는 머리보다는 마음에 호소하는, 감성이 성공을 위한 필수 요소가 되고 있으며 그것을 어떻게 표현하느냐에 따라 그 성공의 열쇠가 결정된다.

이러한 감성을 표현이라는 방법에 추가로 적용하여 자신에 대한 표현력, 표현을 하기 위한 기본자세, 말(언어)에 대한 표현력, 노래와 시에 대한 표현력, 연설 등에 관한 표현력을 높일 수 있도록 그 방법에 대한 고민과 노력이 따라야 한다.

즉, 일반적인 표현 방법(스피치 방법)에 감성이라는 표현을 더함으로써 인간관계를 이끌어가는 방법, 감성을 사회생활에 적용하는 방법 등을 생각해야 한다.

인간에게 있어 가장 중요한 능력은 표현력이다. 내가 만난 사람들에게 어떻게 하면 더 편하게 다가갈 수 있을까? 어떻게 하면 이야기의 내용에 흥미를 갖게 하고, 효과적으로 대화할 수 있을까? 하는 질문들은 너무 중요한 일이다.

감성에 호소하는 표현기술

　현대는 감성의 시대다. 감성을 자극하여 적극적인 스피치를 해야 한다.

　인간은 감정의 동물이기 때문에 감성에 호소하는 스피치로 마음을 열고 진솔한 이야기를 할 때 비로소 소통이 원활해진다. 남을 배려하는 마음, 남을 먼저 칭찬하는 사람이 되어야 한다. 그리고 사랑하자.

우리가 세상을 살아가는 길목에는 많은 만남이 기다리고 있다.

처음으로 만나는 사람에서부터 가끔 만나는 사람, 매일 만나는 사람 등 항상 만남의 연속이 우리의 삶이다. 그래서 우리는 누군가를 만날 때 자신의 존재를 알리는 것이 매우 중요한 일이 되어버렸다.

수많은 만남을 소중하게 생각하고 한 사람, 한 사람에게 좋은 인상을 심어줄 때 리더십 발휘도 그만큼 쉬워질 수 있다. 인사를 잘하고 악수를 청하는 등의 적극적인 표현, 친근한 말을 먼저 건네는 표현력 있는 사람이야말로 이 시대를 성공적으로 살아가는 최고의 사람이다.

누군가를 만나면 내가 먼저 인사를 하고 상대방과 눈을 마주치며 상황에 맞는 품격 있는 인사를 해야 한다. 그리고 악수를 하고 인사를 한다.

"안녕하십니까?"

"얼굴이 많이 좋아지셨네요?"

"아이가 참 예쁘네요!"

"늦어서 죄송합니다."

그다음에 만남의 본질로 돌아가라.

자신을 긍정해주는 스피치가 인간관계 최우선

사람은 듣기에 좋은 말을 하는 사람을 더 좋아한다. 특히 자신이 존경하고 사랑하는 사람이 좋은 말을 해주면 더 좋다.

인간관계의 바탕에는 물물교환 원리가 작용하므로 좋은 말을 건네면 화답하는 좋은 말이 돌아오기 마련이다.

원만한 인간관계를 형성하려면 오늘부터 좋은 말, 진심 어린 말을 시작하라.

어떻게 말하느냐보다 누가 말하느냐에 따라 설득력이 달라진다.

사람들은 싫어하는 사람의 의견은 잘 받아들여지지 않는다. 어떤 말을 해도 인정을 잘 해주지 않는다.

인기가 있는 사람과 없는 사람은 분명히 존재한다. 그것은 어쩔 수 없는 현실이다. 그 현실을 직시하고 인기 있는 사람과 인간관계를 유지하는 것이 매우 좋다.

마음을 움직여야 제대로 된 인간관계

아리스토텔레스는 마음을 움직이는 걸로 세 가지를 꼽았다.

첫째는 지성이 있는 사람, 둘째는 애교가 있는 사람, 세 번째는 선한 사람이다. 이런 사람이 되어야 다른 사람들의 마음을 사로잡을 수 있다.

좋은 말을 주고받는 인간관계

인간관계는 사물이나 돈을 빌려주고 빌리는 것과 다르다고 생각하는 사람이 많다. 그러나 대인 심리학 연구 결과에 의하면 의외로 인간관계도 '주고받기(Give and Take)'라고 한다.

한쪽이 좋은 말을 하면 상대에게서 좋은 말이 메아리쳐 온다. 사람들은 자신에게 좋은 말을 하는 사람을 좋아한다. 그러므로 이는 좋은 인간관계를 만드는 중요한 요소가 된다.

애정을 담아 이름을 불러주라

자기 이름을 다정하게 불러주는 사람에게는 친근감을 느낀다.

인간관계에 능숙한 사람은 이러한 사람의 심리를 파악해 아침인사도 '○○○씨 안녕하세요.'라고 이름을 넣어 불러준다. 어떤 고등학교의 교감선생님은 1,000여 명이나 되는 전교생의 이름을 모두 외우고 앉는 자리까지 안다고 한다.

어느 중소기업의 CEO나 부장, 공무원의 과장 국장이 되어 직속 직원이 100명이 넘으면 직원 이름 알기를 포기해버리기 쉽다. 그러나 진정한 프로라면 '자네!'라고 부르는 대신에 '○○씨'라고 직원의 이름을 불러주는 노력을 해야 한다. 그런 사람은 틀림없이 직원들에게서 존경과 신뢰를 받게 되고 분명히 직장은 밝고 생산적인 분위기가 된다.

남을 헐뜯지 마라.

사람의 참된 가치를 인정하자.

그러면 소중한 인생의 동반자를 얻게 될 것이다. 칭찬은 하지 못할망정 헐뜯지는 말자. 단순히 헐뜯지 않는 것보다 더 좋은 일은 남을 열심히 칭찬하는 일이다. 칭찬을 잘하는 사람은 사회에서도 인정받으며 조직의 리더가 된다.

좋은 것을 발견하여 그것을 진실하게 말해주면 칭찬이 된다. 친화력이 강해지면서 주위에 좋은 벗을 많이 두게 된다.

심리학, 서사적 말하기

자연(自然)으로 가서 인간관계를 많이 가져라

사람이 항상 활력 있고 자신의 능력을 거침없이 발휘하는 힘의 근원은 자연이다.

철학자 루소의 "자연으로 돌아가라!"라는 외침은 영원한 진리다. 이 말은 자연의 아름다움으로 활기를 되찾으라는 의미만이 아니라 마음의 자연스러움을 강조한 것이다. 즉, 자연과 같이 솔직하고 겸허하라는 뜻이다.

도시 사람이 휴일이면 자연으로 빠져나가는 것은 스트레스를 받는 도시생활에서 오는 힘겨움을 이겨내기 위해서다. 자연에서 새로운 활력의 힘을 만드는 것이다.

이처럼 자연 속으로 자주 가서 좋은 사람들과 만나는 것은 그만큼 진심을 얻을 수 있는 아주 중요한 일이다.

심리학, 서사적 말하기

제4장

여성 스피치

여성이여! 당당해지라

1908년 3월 8일 미국 뉴욕의 루트거스 광장에서는 여성 노동자 1만 5천 명이 모여 여성의 참정권과 노동환경개선, 고용 지위 향상을 외치며 시위를 벌였다. 열악한 노동환경과 사회적·정치적 차별과 배제에 맞선 이들의 목소리는 이후 1912년 '빵(생존)'과 '장미(참정권)'를 요구하는 파업투쟁으로 이어졌고, 지금도 세계 여성의 날로 이어지고 있다.

이후 104년의 세월 속에 이 세상은 더 이상 여성과 남성을 구분하지 않는다. 요즈음은 여성이 남성보다 사회활동을 월등히 더 잘한다고 한다. 남성에 비해 더 진취적이고 적극적인 여성들도 많다. 당당하고 톡톡 튀는 여성이 앞서가는 사람이다.

말을 잘하는 여자가 똑똑하다. 밝고 분명한 성격을 가져보라. 누군가에게 표현하고 싶다면, 그리고 그것을 더욱 잘 표현하고 싶다면 노력하라.

연습하라. 여성들이여!

TIP

우선 스피치부터 바꿔야 한다. 분명하고 교양이 넘치는 스피치에 대해 공부하라. 누구를 만나든 항상 당당한 이미지를 보여라. 나만의 스마일라인을 만들어라.

더 이상 현모양처는 없다

예전에는 아줌마라고 하면 사회적으로 의사결정조차 못 하는 미약한 존재로 간주했다. 또 아줌마는 주관적 판단 없이 온갖 유행을 추종하는 등 자기결정권 없이 분위기나 흐름만 좇는, 그야말로 존재감 없는 존재에 불과했다.

오늘날은 어떤가?

이 시대의 아줌마는 다르다. 남녀관계에서도 여성이 주도하는가 하면 가정일을 모두 완벽히 소화하면서도 직장에서도 능력과 실력을 인정받는 알파걸로 거듭나고 있다. 또한 재테크에서도 뛰어난 솜씨를 보이고 있다.

여자 웃음소리가 집 담장을 넘으면 집안이 망한다고 했던 옛말과는 달리 이제는 아줌마의 수다가 자기 분야의 전문가를 만드는 시대가 되었다.

'현모양처'는 이제 현모양처를 넘어 '쩐모양처'로 바뀌고 있다. 어느 보고서에 따르면 대한민국 아줌마는 남편의 한정된 월급에 의존하기보다는 재테크에 적극적으로 나서며 가정의 CEO 역할을 해낸다고 한다.

다양한 문화체험과 자녀교육, 재테크에 있어 전문가가 되어보라. 가정의 최고 CEO, 그대 이름은 아줌마이다. 대한민국 아줌마 파이팅!

> **TIP**
> 재테크 모임, 교육 모임, 봉사 모임 등 순수한 모임에 가입하고 여러 정보를 습득하라. 현명하고 똑똑한 아줌마가 되도록 노력하라. 그리고 실천하라.

여성 리더십의 소통, 협력의 시대가 온다

2012년 프랑스가 17년 만에 좌파 정권을 맞아 새 역사를 쓰고 있다.

올랑드 정부는 역사상 처음으로 장관 34명 중 절반을 여성으로 임명하면서 양성평등 내각을 구성해 세계인을 놀라게 했다.

우리나라도 16대~19대 국회에 여성 국회의원이 늘면서 국회 활동 전반에 긍정적인 변화들이 나타나고 있다. 우선 국회 상임위 등 의사결정과정에 참여하는 여성의원 수가 늘고, 여성 의원의 의정 활동이 다분야에 걸쳐 양적으로 증가했다.

여성정책 의제에 대한 남성의원의 관심도가 높아지고, 국회 내 조직문화에서 성 평등 지향도 높아지고 있다. 대다수 나라에서는 여성의원 확대를 위해 정당 할당제를 도입해, 전체 여성의원 평균 비율을 20% 이상 유지하고 있다. 우리나라도 장기적 안목에서 여성의 리더십을 적극적으로 활용하기 위해 여성 할당제를 적극적으로 취해야 한다.

메모로 나를 업그레이드하라

스피치, 리더십, 표현력, 이 세 가지를 모두 잘하기 위해서는 메모하는 습관이 반드시 필요하다.

언제 어디서든 필요한 내용을 메모하고 어디에 쓸 것인가를 고민하라. 박세리가 명예의 전당에 오를 때 "그때그때 느꼈던 점들을 메모하고, 이를 실행에 옮긴 것이 내 골프 경쟁력의 전부"라고 말했던 것은 메모의 중요성을 강조하는 좋은 예다.

내 남편에게 자녀에게 또는 직장에서의 회의할 때 등 어느 순간에도 메모의 중요성을 알라, 그리고 실행하라. 그러면 성공한다.

언제, 어디서, 어떤 메모를 했는지 그리고 언제, 어디서, 누구에게, 어떻게 사용할 것인가를 항상 생각하라. 그리고 시작하라. 성공의 길이 보인다.

TIP

메모노트를 항상 휴대하고 다녀라. TV나 신문, 잡지 등에서 얻을 수 있는 필요한 문장, 상황은 항상 메모해 두어라. 강연회나 세미나 노래교실 등에서도 메모하라.

자기소개로 성공을 배팅하라

일상생활이나 단체, 조직 등에서 생활할 때 남에게 처음으로 자신을 알리게 되는 자기소개는 필수 요소다. 따라서 자기소개를 하는 방법부터 익히고 있어야 남 앞에 섰을 때 두렵지 않다.

첫 모임이나 첫 대면에서 두려움이 앞설 때 자신감 있고 활기찬 자기소개가 미리 준비되어 있다면 두려운 마음이 아닌 즐거운 마음으로 그 자리에 나가게 된다.

우선 자신을 재미있게 만들어라. 그리고 자신을 어느 것에(사물을 포함하여) 비유하여 대상화하라. 자신을 1분 안에 표현할 수 있는 낱말과 문장을 사용하라. 밝고 분명한 언어로 소개하라. 자기소개에 스토리를 담아라. 행동(움직임)을 하라.

자기소개는 연습해야 할 대상이다. 미래를 대비한 훈련으로 언제 어느 때든 기회가 오면 당당하게 대처할 수 있어야 한다.

시대가 요구하는 리더십 있는 사람이 되자. 이는 자기발전의 기회를 앞당기는 지름길이기 때문이다.

"저는 박하사탕과 같은 상쾌한 느낌이 드는 여자랍니다. 항상 상쾌하고 통쾌하고 명쾌하며 유쾌하기까지 하답니다. 여러분! 저는 여러분에게 박하사탕과 같은 사람이 되겠습니다. 잘 부탁합니다."

자신을 재미있게 만드는 것은 삶의 추진력이 된다. 따라서 누군가에게 이미 유쾌한 사람으로 각인되어 있다면 당신은 이미 성공한 것과 다름없다.

상담에도 에티켓이 존재한다

상담에서 가장 중요한 것은 상담을 주도하는 사람의 몫이고 상담 태도와 행동은 매우 중요하다.

상담 과정에서 상담자의 모든 것은 온전히 영향을 미친다. 상담자는 내담자에게 따뜻한 이미지로 다가가야 하며 절대로 상처를 입혀서는 안 된다.

상담이 완성될 때까지 최선을 다하라.

자기만의 상담기법을 만들어라.

유능한 상담자는 자유롭고 편하게 상담을 진행한다. 그리고 상담의 목적을 근본적으로 처리할 줄 안다.

유능한 상담자는 상담의 목적을 자신보다 내담자에게 더 집중하고 관심을 두어야 한다.

> **TIP**
>
> 전문지식을 충분히 습득하라. 상대방을 이해하는 훈련은 반드시 필요하다. 자기만의 이미지 표현력을 길러라. 그리고 시작하라.

공감대를 형성하는 주제, 대화

우리는 일상생활 속에서 항상 대화를 한다.

멋진 대화를 위해서는 우선 상대방에게 밝고 분명하게 말하는 습관을 길러야 한다. 특히 상대방의 말에 귀 기울이고 자신 있게 말하는 습관을 들여야 한다.

한 마디의 대화가 많은 문제를 손쉽게 해결하기도 하고, 자칫 한마디의 실수가 어려움을 자초하기도 한다.

공감대를 형성하라.

먼저 들어주고 말을 하라.

진실하게 대화하라.

따뜻한 표현력을 구사하라.

직장에서 무리한 부탁을 하는 상사에게 "그런 일을 해달라고 하시면 곤란합니다."라고 대답하기보다는 "어쩌죠? 해 드리고 싶지만, 규정이 엄격해서요."라고 말하는 게 낫다. 그리고 덧붙여 "제 책임을 다하려는 것뿐이니 너무 미워하지 마세요." 정도로 양해를 구한다면 미운털이 박히지 않으면서 즐겁게 대화를 이어갈 수 있다.

> **TIP**
>
> 우선 사랑하는 가족과 따뜻하고 의미 있는 대화를 시작하라.
> 서로 마음이 열릴 수 있도록 진실하게, 위로하는 대화부터 시작하라. 대화는 문제를 해결하는 데 있어 가장 기본이 된다.

부부라는 이름

아름다운 미소와 함께 서로에 대한 칭찬을 아끼지 마라.

일에 대한 칭찬, 서로 인정하는 칭찬을 자주 해라.

서로 존중하는 대화도 중요하다.

"여보! 당신은 정말 보면 볼수록 아름다워"

"당신은 정말 이 세상 최고의 멋쟁이예요."

"난 다시 태어나도 당신만을 만날 겁니다."

"너무나 멋진 당신! 정말 사랑합니다."

TIP

평상시 서로에게 매우 아름답고 멋있다는 말을 자주 하라.

자녀가 있는 자리에서도 서로 사랑한다는 말을 자주 하라.

기분이 좋아지는 이벤트를 하라.

항상 사랑의 문자메시지를 보내라.

심리학, 서사적 말하기

제5장

스피치 표준, 개성, 연결기법

스피치의 기본, 단전 복식호흡

단전 복식호흡 표현력은 스피치에 있어 가장 기본적인 훈련이다.

스피치를 잘하기 위해서는 단전의 힘을 길러 주어야 한다.

남을 설득하고 감동을 주기 위해서는 말에 힘이 있고 중량감이 있어야 한다. 하루에 수차례씩 꾸준히 연습하다 보면 어느새 단전의 힘이 생긴다. 특히 스피치에 자신이 없는 사람들은 더 많은 시간을 들여 연습해야 한다. 단전에 힘이 생길 때까지 부단한 노력을 아끼지 마라.

단전 복식호흡을 하면 건강이 좋아지며 단전에 힘이 생겨 많은 사람 앞에 섰을 때도 두려움이나 긴장감이 없어진다. 또 말의 힘이 생겨 설득력이 있는 스피치를 구사할 수 있다.

스피치를 할 때나 노래를 할 때 등 말을 잘하기 위한 아주 기본적인 연습이다. 하루에 50회 이상 꾸준히 연습해야 한다.

단전에 힘이 생길 때 밝고 분명한 언어를 구사할 수 있고 말하는 사람도 편하다.

> **TIP**
>
> 먼저 숨을 5초간 들이마시고 천천히 입과 코로 15초에 걸쳐 숨을 내쉰다. 편안한 상태로 서 있는 자세가 효과적이다. 책상에 앉아서도 가능하며 누워 있을 때는 반듯이 누운 상태에서 다리를 올리며 숨을 5초간 들이마시고 다리를 내리면서 다시 15초간 숨을 내쉰다. 반복적인 연습이 무엇보다 필요하다.

인사의 표현과 자세

　단전에 중심을 두고 두 다리에 어느 정도 힘이 있어야 한다. 인사는 단상 옆이나 무대 중앙에서 1초의 여유로 얼굴을 보여주고 정중하게 해야 한다.

　거울 앞에서 연습하라. 항상 거울에 비친 자신의 모습을 보며 자신감을 갖는 훈련이 필요하다. 주위 사람에게 자신 있는 자신의 모습을 보여주는 것 역시 중요하다.

자연스러운 손, 어깨 사용하기

손의 표현력은 스피치에 있어 필수다.

손을 움직이지 않으면 말의 신뢰도가 떨어지고 시각적인 전달력도 떨어진다. 말의 내용에 따라 적절한 손의 움직임은 오늘날 스피치의 필수 요소이다.

어깨에 힘이 실리면 상대방은 어깨에 시선을 두게 된다. 이렇게 되면 너무 듣는 사람에겐 위협적일 수도 있고 불편한 관계가 된다. 또 어깨가 중심이 되면 전달력이 떨어지고 불안한 스피치를 할 수밖에 없다.

말하는 사람은 중심을 단전에 두어야 한다. 단전에 실린 중심은 목소리나, 자세, 호소력에서 상대에게 호감을 높인다.

어깨에 최대한 힘을 빼고 자연스러운 몸동작을 유지하라.

어깨는 그 사람의 진실을 보여주는 삶의 모습이기도 하다.

TIP

새끼손가락을 세우는 것은 한국과 일본에서는 여성이나 애인을 뜻한다. 필리핀에서는 키 작은 남자나 아이를, 타이에서는 우정과 친구를, 중국에서는 시시하거나 좋지 않은 것을, 미국에서는 여성스런 남성을, 홍콩에서는 가난을, 인도에서는 화장실을 가고 싶다는 신호로 쓰인다.

표준발음 사용하기

가장 기본적인 문장 표현력을 갖추기 위해서는 표준어를 구사할 수 있도록 말하는 연습을 꾸준히 해야 한다. 모든 낱말의 꼬리 글자는 간결하게 처리한다. 말의 강약 변화는 말의 내용이나 성격에 따라 또는 말하는 사람의 의도에 따라 변하므로 기술적으로 조절하는 훈련이 반드시 필요하다.

스피치를 잘하기 위해 가장 중요한 연습이므로 하루도 거르지 말고 연습하라. 말을 처음 배운다는 자세로 연습하라. 또박또박 한결같은 목소리로 연습하라. 예문에 나오는 문장이라도 매일매일 연습하면 좋은 결과가 나타난다.

자신에 대한 교만함으로 연습을 게을리하면 스피치는 좋아질 수 없다.

자기 자신의 계발을 위해 기초부터 튼튼히 다져라.

*Reading

저기 저 콩깍지가 깐 콩깍지인가? 안 깐 콩깍지인가?
저기 저 말뚝이 말을 맬 만한 말뚝이냐? 말을 못 맬 말뚝이냐?
중앙청 창살은 쌍 창살, 시청 창살은 외 창살.
간장공장 공장장은 강 공장장이고 된장공장 공장장은 장 공장장이다.
앞집 팥죽은 붉은 풋팥 팥죽이고, 뒷집 콩죽은 햇콩 단콩 콩죽이다.
샤롬카베림 샤롬카베림, 샤롬 레힛 라오트레힛.
한양 양복점 옆에 한양 양장점, 한양 양장점 옆에 한양 양복점.
체체코레 체코리샤 리산사 망간, 산사망간 호만체체 호만체체.

예쁜 입 모양 사용하기

　입가에는 말 이상으로 진심이 드러나기 때문에 정확한 입 모양으로 표현해주어야 좋다.

　입 모양 표현법은 '아 에 이 오 우'로 하루 50회 이상 연습한다.

*Reading

아 에 이 오 우
아 아 아 아 아

사자성어로 어려운 말 연습하기

사자성어와 고사성어로 하는 스피치는 우선 우리 자신을 알게 하고 선현의 지혜를 익히게 한다.

지식을 쌓는 데도 도움이 되고 실제 스피치에 응용할 수 있는 소재가 되기도 한다. 또한 어려운 발음 연습도 된다.

· **격물치지(格物致知)**는 사물의 이치를 연구하여 지식을 명확히 밝힌다는 뜻입니다.

(유래) 격물(格物), 치지(致知), 성의(誠意), 정심(正心), 수신(修身), 제가(齊家), 치국(治國), 평천하(平天下)의 8항목으로 된 내용 중, 처음 두 항목을 가리키는데, 이 말은 본래의 뜻이 밝혀지지 않아 후세에 그 해석을 놓고 여러 학파가 생겨났다. 그중에서 대표적인 것이 주자학파와 양명학파이다.

주자의 격물치지가 지식 위주인 것에 반해 왕양명은 도덕적 실천을 중시한다. 그래서 오늘날 주자학을 이학(理學)이라 하고, 양명학을 심학(心學)이라고도 한다.

· 결초보은(結草報恩)은 풀을 맺어 은혜에 보답한다는 뜻으로, 죽어
  서까지 은혜를 잊지 않고 갚는다는 의미입니다.

(유래) 중국 춘추시대 진의 위무자는 병이 들자, 아들 위과에게 자기
가 죽으면 아름다운 후처, 즉 위과의 서모를 개가시켜 순사를 면하게
하라고 유언하였다. 그러나 병세가 악화하여 정신이 혼미해진 위무자
는 후처를 같이 묻어 달라고 유언을 번복하였다.

  하지만 위무자가 죽은 뒤 위과는 애초의 유언대로 서모를 개가시켜
순사를 면하게 하였다. 후에 위과가 전쟁에 나가 진의 두회와 싸워 위
태로울 때 서모 아버지의 망혼이 나타나 적군의 앞길에 풀을 잡아매어
두회가 탄 말이 걸려 넘어지게 하였고, 결국 위과가 두회를 사로잡게
도와주었다.

· 경국지색(傾國之色)은 임금이 혹하여 국정을 게을리함으로써 나라를 위태롭게 할 정도의 뛰어난 미녀를 일컫는 말입니다.

(유래) 한 무제 때 협률 도위로 있던 이연년(李延年)이란 자가 무제를 위해 지어 바친 노래 가운데 절세의 미인인 자신의 누이를 가리켜 "한 번 보면 성을 기울게(傾城) 하고 두 번 보면 나라를 기울게(傾國) 한다." 라고 묘사한 뒤부터 절세의 미인을 지칭하는 말로 쓰이게 되었다.

· 괄목상대(刮目相對)라는 사자성어는 눈을 비비고 본다는 뜻으로, 학식이나 재주가 전에 비하여 몰라볼 정도로 발전했다는 말입니다.

(유래) 중국 삼국시대에 오(吳)나라의 왕, 손권(孫權)이 그의 장수 여몽(呂夢)이 무술에는 능하나 학문을 너무 소홀히 하는 것을 나무라자 여몽은 이로부터 학문을 열심히 닦았다. 후에 노숙(魯肅)이 찾아와 전과 달라진 그의 높은 식견에 놀라워하자 여몽은 "선비가 사흘을 떨어져 있다 다시 대할 때는 눈을 비비고 대해야 합니다."라고 한 것에서 유래하였다. 윗사람에게 쓰지 않는다.

· 광풍제월(光風霽月)은 맑은 날의 바람과 갠 날의 달이라는 뜻으로, 심성이 맑고 깨끗한 인품을 비유하는 말입니다.

(유래) 주돈이는 북송(北宋)의 유명한 유학자로 옛 사람의 풍모가 있으며 올바른 정치를 했다. 송대의 대표적인 시인이었던 황정견이 주돈이의 인품을 평하여 "주돈이의 인품은 매우 고결하고 가슴 속이 맑아서 맑은 날의 바람과 비 갠 날의 달과 같구나."라고 한 데에서 유래했다.

· 금상첨화(錦上添花)는 비단 위에 꽃을 더한다는 뜻으로, 좋은 일에 겹쳐 또 좋은 일이 일어난다는 의미입니다.

(유래) 당송(唐宋) 8대 문장가의 한 사람인 왕안석(王安石)의 칠언율시(七言律詩)에 나오는 구절로 "좋은 모임에 잔 속의 술을 비우려 하는데, 아름다운 노래는 비단 위에 꽃을 더한다."에서 비롯하였다.

· 낙화유수(落花流水)는 흐르는 물에 떨어지는 꽃이라는 뜻으로, 가는 봄의 경치를 나타내거나 힘과 세력이 약해져 보잘것없이 쇠퇴해 간다는 것을 비유하는 말입니다.

(유래) 중국 당(唐)나라의 시인 고변이 지은 시(詩) '방은자불우'에 나오는 구절로 '떨어지는 꽃이 강물 위로 흐르는 데에서 넓은 세상을 알고, 술에 반쯤 취하여 한가하게 읊으며 혼자서 왔다'에서 유래했다.

· 내우외환(內憂外患)이란, 나라 안팎의 여러 가지 어려운 일들을 일컫는 말입니다.

(유래) 춘추시대 중엽에 막강한 세력의 초와 진 두 나라가 대립한 시대가 있었다. 진이 송과 동맹을 맺어 평화가 실현되었으나 초의 침략으로 결국 몇 년 못 가서 깨지고 말았다. 이에 진의 내부에서는 극씨(郤氏), 낙서(樂書), 범문자(范文子) 등 대부(大夫)들이 초와 싸우는 문제를 논의하는 과정에서 범문자가 "오직 성인만이 안으로부터의 근심도, 밖으로부터의 재난도 능히 견디지만, 성인이 아닌 우리에게는 밖으로부터의 재난이 없으면 반드시 안으로부터 일어나는 근심이 있다. 초나라와 정나라는 놓아두고 밖으로부터의 근심을 내버려두지 않겠는가."라고 지적한 데에서 유래한다.

· 도원결의(桃園結義)는 복숭아밭에서 결의를 맺는다는 뜻으로, 뜻이 맞는 사람끼리 한 목적을 위해 행동을 같이할 것을 약속한다는 말입니다.

(유래) 중국 촉(蜀)나라의 유비(劉備), 관우(關羽), 장비(張飛)가 복숭아밭에서 형제의 의를 맺었다는 고사에서 유래한 말이다.

· 두주불사(斗酒不辭)라는 사자성어는 말술도 사양하지 않는다는 뜻으로, 주량이 매우 세다는 말, 또는 그런 사람을 뜻합니다.

(유래) 유방의 부하 번쾌가 항우에게 잡힌 유방을 구하기 위해서 술을 사양하지 않았다는 고사에서 유래했다.

· 맹모삼천(孟母三遷)이란 사자성어는 맹자의 어머니가 세 번 집을 옮겼다는 뜻으로 교육에서 환경의 중요성을 강조한 말입니다.

(유래) 맹자가 어렸을 때 묘지 가까이 살았더니 장사 지내는 흉내를 내기에, 맹자 어머니가 집을 시전 근처로 옮겼더니 이번에는 물건 파는 흉내를 내므로, 다시 글방이 있는 곳으로 옮겨 공부를 시켰다. 즉, 맹자의 어머니는 아들을 가르치기 위하여 세 번이나 이사를 하였다.

· 백룡어복(百龍魚服)은 흰 용이 물고기의 옷을 입는다는 뜻으로, 신분이 높은 사람이 서민의 허름한 옷으로 갈아입고 미행(微行)하는 것을 비유하여 이르는 말입니다.

(유래) 오(吳)나라 왕이 백성과 함께 술을 마시려고 하자 옆에 있던 오자서(伍子胥)가 이를 말리면서 신령스러운 흰 용이 물고기로 변하여 다니다가 어부의 그물에 잡혔다는 이야기를 한 데서 유래한다.

· 백발백중(百發百中)은 백 번 쏘아 백 번 모두 맞힌다는 뜻으로, 일 또는 계획한 것이 들어맞거나 일마다 실패하지 않고 잘 됨을 뜻합니다.

(유래) 초나라에 활을 매우 잘 쏘는 양유기라는 사람은 백 보나 떨어진 곳에서 버드나무 잎을 쏘아도 백발백중이었다고 한다.

· 불입호혈부득호자(不入虎穴不得虎子)라는 고사성어는 호랑이 굴에 들어가지 않고는 호랑이 새끼를 잡을 수 없다는 뜻으로, 모험을 해야 큰일을 할 수 있음을 비유한 말입니다.

(유래) 후한(後漢) 초기의 명장 반초가 36명을 인솔하고 선선국에 사신으로 갔을 당시에 일어난 일이다. 그곳에서 후대를 받다 박대로 변하기에 그 이유를 알아보니 선선국이 두려워하는 흉노의 사신이 군사 100명을 이끌고 와 있다는 것이었다. 반초는 선선국이 자기들을 죽이지 않으면 흉노에게 넘길 것으로 판단하여 대책을 세우면서 "호랑이 굴에 들어가지 않고는 호랑이 새끼를 잡을 수 없다. 지금 가장 좋은 방책은 밤을 이용하여 공격하는 것이고, 그것도 우리들의 병력을 흉노가 알지 못하게 해야 한다."라고 말했다.

· 빙탄불용(氷炭不容)은 서로 용납할 수 없는 얼음과 숯이란 뜻으로, 두 사물이 서로 화합할 수 없음을 비유하여 이르는 말입니다.

(유래) 불의와 타협하지 않고, 교활한 자들을 비웃곤 했던 한무제 때의 명신(名臣)동방삭은 (칠간)에서 '얼음과 숯불은 함께 할 수 없다'는 구절을 써서 간신들과 함께 존재할 수 없다는 자신의 심경을 밝혔다.

· 사필귀정(事必歸正)이란 사자성어는 무슨 일이든 결국 옳은 이치대로 돌아간다는 뜻입니다.

(유래) '사(事)'는 '이 세상의 모든 일'을 뜻하고, '정(正)'은 '이 세상의 올바른 법칙'을 뜻한다. 즉, 세상의 모든 것은 좋은 일을 하면 반드시 복을 받고, 나쁜 일을 하면 반드시 벌을 받는, 올바른 법칙의 적용을 받게 된다는 말이다.

· 설상가상(雪上加霜)은 눈 위에 서리가 내려 쌓였다는 뜻으로, 어려운 일이 연거푸 일어남을 비유하는 말입니다.

(유래) 마조(馬祖) 도일선사(道一禪師)의 법사 중에 대양화상(大陽和尚)이라는 스님이 있었는데, 하루는 이(伊) 선사라는 중이 인사하러 왔다. 이때 대양화상이 보이지 않는 곳에서는 수양이 소홀함을 꼬집어 "그대는 앞만 볼 줄 알고 뒤를 돌아볼 줄은 모르는구나." 하고 꾸짖자, 이 선사가 "눈 위에 다시 서리를 더하는 말씀입니다."라고 대답했다.

· 수주대토(守株待兔)라는 사자성어는 그루터기를 바라보며 토끼가 나오기를 기다린다는 뜻으로, 어리석을 정도로 한 가지만을 고집하는 것을 비유한 말입니다.

(유래) 중국 송나라의 한 농부가 우연히 나무 그루터기에 토끼가 부딪쳐 죽은 것을 줍게 된 후, 또 그와 같이 토끼를 잡을까 하여 일도 하지 않고 그루터기만 지키고 있었다는 고사에서 유래한다.

· 식자우환(識字憂患)은 글자를 아는 것이 오히려 걱정을 끼친다는 뜻으로, 너무 많이 알기 때문에 쓸데없는 걱정도 그만큼 많다는 뜻입니다.

(유래) 모사꾼인 정욱은 유비에게 제갈량을 소개했던 서서(徐庶)가 효자라는 것을 이용하여 그의 어머니가 쓴 것처럼 꾸민 가짜 편지로 서서를 조조 진영으로 끌어들였다. 나중에 위 부인은 서서가 조조의 진영으로 간 것이 자기에 대한 아들의 효심과 가짜 편지 때문이었다는 것을 알고는 "여자가 글씨를 안다는 것부터가 걱정을 낳게 한 근본 원인이다."라며 한탄하였다.

· 양두구육(羊頭狗肉)이란 사자성어는 양 머리를 걸어놓고 안에서는 개고기를 판다는 뜻으로, 겉과 속이 일치하지 않고 속임수를 쓰는 것을 비유하는 말입니다.

(유래) 제(齊)나라 영공(靈公)은 궁중 여인들에게 남장시키는 별난 취미를 가지고 있었다. 그러자 곧 백성 사이에도 남장 여인이 날로 늘어났다. 결국 영공은 재상인 안영에게 궁 밖 남장 여인을 처벌하라는 금령을 내리게 했지만 유행은 좀처럼 수그러들지 않았다. 그 이유에 대해 안영이 말하길 "밖에는 양 머리를 걸어놓고 안에서는 개고기를 파는 것과 같사옵니다. 이제라도 궁중의 여인에게 남장을 금하소서."라는 말로 간했다.

· 왕형불형(王兄不兄)은 왕의 형이고, 부처의 형이란 뜻입니다.

(유래) 태종이 왕위를 셋째인 충녕(세종대왕)에게 물려주자 첫째 양녕은 술만 마시는 방탕의 길을 걷고, 둘째 효령은 산속에 들어가 부처가 되었다. 그래서 양녕은 왕의 형도 되고, 부처의 형도 된다고 한 데에서 유래한다.

· 읍참마속(泣斬馬謖)이란 사사로운 감정을 버리고 엄정히 법을 지켜 기강을 바로 세우는 일을 비유하는 말입니다.

(유래) 중국 촉나라 제갈량이 군령을 어기어 가정(街亭)싸움에서 패한 마속을 눈물을 머금고 참형에 처하였다는 데에서 유래한다.

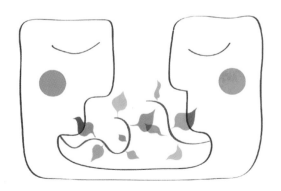

· 천려일득(千慮一得)이란 사자성어는 천 번을 생각하면 한 번 얻는 것이 있다는 뜻으로, 많이 생각할수록 좋은 것을 얻음을 비유하는 말입니다.

(유래) 한신이 모사 이좌거에게 연과 제를 공격해 승리할 방법을 묻자 이좌거는 "옛말에 '슬기로운 사람도 천 번 생각에 한 번의 실수가 있을 수 있고, 어리석은 사람도 천 번 생각에 한 번은 맞힐 수 있다'고 하였습니다. 그래서 미치광이의 말도 성인은 가려서 듣는다고 하였습니다."라고 대답한 데에서 유래했다.

· 천재일우(千載一遇)는 천 년에 한 번 얻을 기회란 뜻으로, 좀처럼 만나기 어려운 기회를 이르는 말입니다.

(유래) 중국 동진시대의 학자로 동양태수(東陽太守)를 지낸 원굉(遠宏)이 삼국시대의 건국 명신 20명을 찬양한 '삼국명신서찬(三國名臣序贊)'이란 글을 남겼는데, 그중 위나라의 순문약(荀文若)을 찬양한 글에서 '현명한 군주와 지모가 뛰어난 신하가 만나는 기회는 천 년에 한 번쯤이다.'라고 했다.

· 청출어람(靑出於藍)은 쪽에서 나온 푸른 물감이 쪽빛보다 더 푸르다는 뜻으로, 제자가 스승보다 더 나음을 비유하여 이르는 말입니다.

(유래) 전국시대의 유학자(儒學者)로서 성악설(性惡說)을 창시한 순자(荀子)가 쓴 '학문은 그쳐서는 안 된다. 푸른색은 쪽에서 취했지만 쪽빛보다 더 푸르고 얼음은 물이 이루었지만 물보다도 더 차다.'라는 글에서 유래한다.

· 칠거지악(七去之惡)은 여자가 가져서는 안 될 일곱 가지 악입니다.

(유래) 시부모에게 불손함, 자식이 없음, 행실이 음탕함, 투기함, 몹쓸 병을 지님, 말이 지나치게 많음, 도둑질을 함 7가지를 가리킨다.

· 토사구팽(兎死狗烹)은 교활한 토끼가 잡히고 나면 충실했던 사냥 개도 쓸모가 없어져 잡아먹게 된다는 뜻으로, 필요할 때 요긴하게 쓰고, 쓸모가 없어지면 가혹하게 버린다는 말입니다.

(유래) 유방이 천하를 얻은 후 한신이 도전할 것을 염려하여 한신을 처치하려고 하자, 한신이 "교활한 토끼가 죽고 나면 사냥개도 잡혀 삶 아지며, 높이 나는 새도 다 잡히고 나면 좋은 활도 광에 들어가며, 적국 이 타파되면 모신도 망한다. 천하가 평정되었으니 나도 마땅히 팽 당함 이로다."라고 말한 데에서 유래했다.

· 파사현정(破邪顯正)은 그릇된 것을 깨고 바른 것을 드러낸다는 말
입니다.

(유래) 불교에서 나온 용어로, 부처의 가르침에 어긋나는 사악한 생
각을 버리고 올바른 도리를 따른다는 뜻으로, 사악한 것을 깨닫는 것
은 사고방식을 바꾸는 것을 의미하므로 얽매이는 마음을 타파하면 바
르게 될 수 있다는 말이다. 이 용어는 특히 삼론종(三論宗)의 중요한
근본 교리 중 하나로 자리 잡았다.

· 파죽지세(破竹之勢)는 대나무를 쪼갤 때의 맹렬한 기세라는 뜻으
로, 세력이 강대해 감히 대적할 상대가 없음을 비유하여 이르는 말
입니다.

(유래) 진(晉)나라의 진남대장군(鎭南大將軍) 두예가 진무제(晉武
帝)로부터 출병 명령을 받아 20만 대군을 거느리고 오(吳)나라를 칠
때 "지금 우리 군사들의 사기는 하늘을 찌를 듯이 높다. 그것은 마치
대나무를 쪼갤 때의 맹렬한 기세와 같다. 대나무란 일단 쪼개지기만 하
면 그다음부터는 칼날을 대기만 해도 저절로 쪼개지는 법인데, 어찌 이
런 절호의 기회를 놓칠 수 있단 말인가."라는 말로 휘하 장수들을 독려
했다.

· 주지육림(酒池肉林)이란 사자성어는 술로 만든 연못과 고기로 만든 숲이란 뜻입니다.

(유래) 상식을 벗어난 호사스런 잔치를 뜻하며, 옛날 걸왕(桀王)과 주왕(紂王)이 여자에 빠져 밤낮없이 향락만 일삼고 정사를 돌보지 않는데서 유래한 말이다.

· 연작안지홍곡지지(燕雀安知鴻鵠之志)라는 고사성어가 있습니다.

(풀이) 제비나 참새같이 작은 새가 어찌 기러기나 백조처럼 멀리 나는 큰 새의 뜻을 알겠는가? 자신이 품고 있는 커다란 뜻을 상대가 몰라줄 때 쓰는 말입니다.

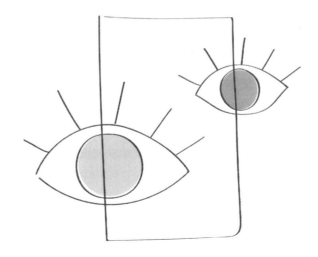

· 영위계구 무위우후(寧爲鷄口 無爲牛後)라는 말이 있습니다.

(풀이)닭의 머리가 될지언정 소꼬리는 되지 마라. 닭 머리는 작지만 귀중한 것이요, 소꼬리는 크지만 보잘것없는 것이다. 큰 것만을 따르다 말단의 인물이 되지 말고, 작더라도 중심적인 역할을 하는 핵심 인물이 되라는 뜻입니다.

명언으로 두 마리 토끼를 잡아라

성공적인 삶을 만들기 위해서는 먼저 성공으로 이끌 올바른 지침이 있어야 한다. 명언은 성공으로 이끌 지침서로 부족함이 없다.

삶의 발전을 끌어줄 것이다. 명언을 인용하여 스피치를 연습하면 말의 감화, 말의 감동, 말의 공명을 준다. 그리고 말의 품위와 말의 권위가 생긴다. 말의 신뢰도를 높여 주며 좋은 어세가 생긴다.

'교육의 목적은 인격의 형성이다.'

- 영국 철학자 스펜서

스펜서(1820~1903)

영국의 철학자. 사회학자. 다윈의 진화론에 입각하여 생물학, 심리학, 윤리학을 종합한 철학 체계를 수립하였으며, 사회 유기체설을 주창하고 사회의 발전을 진화론적으로 설명하였다. 저서로 『종합 철학 체계』가 있다.

'행동의 가치는 그 행동을 끝까지 이루는 데 있다.'

-몽골제국의 건국자 칭기즈칸

칭기즈칸(1155~1227)

몽골 제국의 건국자. 몽골의 유목 부족을 통일하고, 중국과 중앙아시아, 동유럽 일대를 정복하여 인류 역사에서 가장 넓은 영토를 지닌 몽골제국의 기초를 쌓았다.

'이해하려고 노력하는 행동이 미덕의 첫 단계이자 유일한 기본이다.'

- 네덜란드의 철학자 스피노자

스피노자(1632~1677)

네덜란드의 철학자, 데카르트 철학에서 결정적 영향을 받았다. '모든 것이 신이다.'라고 하는 범신론의 사상을 역설하면서도 유물론자, 무신론자였다. 그의 신이란 그리스도교에서 말하는 인격의 신이 아니고, 자연이었기 때문이다.

'배움이 없는 자유는 언제나 위험하며 자유가 없는 배움은 언제나 헛된 일이다.'

- 존 F.케네디

존 F. 케네디(1917~1963)

미국의 정치가로 제35대 대통령을 지냈다. 소련과 부분적인 핵실험 금지조약을 체결하였고 중남미 여러 나라와 '진보를 위한 동맹'을 결성하였으며 평화봉사단을 창설하기도 하였다.

'다른 사람들이 할 수 있거나 할 일을 하지 말고, 다른 이들이 할
수 없고 하지 않을 일들을 하라.'

- 미국의 여류비행사 아멜리아 에어하트

아멜리아 에어하트(1897~1937 실종)

미국의 여류비행사. 여성비행사로는 최초로 대서양을 건너고, 하와
이에서 캘리포니아까지의 태평양 상공을 쉬지 않고 날아 '하늘의 퍼스
트레이디'라는 별명을 얻기도 하였으나, 적도 주변을 도는 긴 항로를 이
용한 세계 일주 비행에 도전하였다가 실종되었다.

'좋은 책을 읽는 것은 과거 몇 세기의 가장 훌륭한 사람들과 이야기를 나누는 것과 같다.'
                                              - 프랑스의 철학자 데카르트

데카르트(1596~1650)

프랑스의 철학자, 수학자, 물리학자. 근대철학의 아버지로 불리는 데카르트의 형이상학적 사색은 방법적 회의에서 출발한다. '나는 생각한다, 고로 나는 존재한다(cogito, ergo, sum).'라는 근본 원리가 『방법 서설』에서 확립되어, 이 확실성에서 세계에 관한 모든 인식이 유도된다.

'중요한 것은 사랑을 받는 것이 아니라 사랑을 하는 것이었다.'
'나는 과거를 생각하지 않는다. 중요한 것은 끝없는 현재뿐이다.'
                                              - 문학가 서머싯 몸

서머싯 몸(1874~1965)

파리에서 출생하여 처음에는 킹스 칼리지 런던에서 의학을 공부하였으나, 뒤에 문학으로 전향하였다. 제1·2차 세계대전 때에는 정보기관원으로 활약하였으며, 그 체험을 소설화하기도 하였다. 작품으로는 『인간의 굴레』, 『달과 6펜스』, 『렘버스의 라이자』 등 소설과 『훌륭한 사람들』, 『순환』 등의 희곡이 있다.

'사랑받고 싶다면 사랑하라, 그리고 사랑스럽게 행동하라.'

- 벤저민 프랭클린

벤저민 프랭클린(1706~1790)

미국의 과학자이자 정치가. 미국 '건국의 아버지' 중 한 명이자 미국의 초대 정치인 중 한 명이다. 그는 특별한 공식적 지위에 오르지는 않았지만 프랑스 군과의 동맹에서 중요한 역할을 해, 미국 독립에 중추적인 역할을 했다.

'사랑의 첫 번째 의무는 상대방에 귀를 기울이는 것이다.'

- 독일의 신학자 틸리히

틸리히(1886~1965)

독일의 신학자. 종교적 사회주의의 이론적 지도자로서 히틀러에 의해 추방되어 1933년 미국으로 망명했다. 그의 신학은 존재론적이었으며 또한 신학과 철학을 문답 관계로 보는 것이 특징이었다. 저서에 『조직신학』 등이 있다.

'키스하는 두 사람은 항상 물고기처럼 보인다.'

- 앤디 워홀

앤디 워홀(1928~1987)

미국 팝아트의 선구자. '팝의 교황', '팝의 디바'로 불린다. 대중미술과 순수미술의 경계를 무너뜨리고 미술뿐만 아니라 영화, 광고, 디자인 등 시각예술 전반에서 혁명적인 변화를 주도하였다. 살아 있는 동안 이미 전설이었으며 현대미술의 대표적인 아이콘으로 통한다.

'다른 사람들을 평가한다면 그들을 사랑할 시간이 없다.'

- 노벨평화상을 받은 마더 테레사

마더 테레사(1910~1997)

유고슬라비아의 알바나아계 가정에서 태어나 1928년 로레토 수녀원에 들어갔다. 인도 콜카타에서 평생을 가난하고 병든 사람을 위해 봉사했다. '사랑의 선교수사회'를 설립했으며 1979년 노벨 평화상을 받았다.

'희망만이 인생을 유일하게 사랑하는 것이다.'

- 앙리 프레데릭 아미엘

앙리 프레데릭 아미엘(1821~1881)

프랑스계 스위스 문학가이자 철학자로 제네바 대학교에서 철학교수를 지냈다. 그가 죽은 후 1만 7,000페이지에 달하는 그의 일기가 『아미엘의 일기』로 출판되어 유명해졌다.

'성공한 사람보다는 가치 있는 사람이 되라.'

-아인슈타인

아인슈타인(1879~1955)

독일 태생의 이론 물리학자. 광양자설, 브라운 운동의 이론, 특수 상대성 이론을 연구하여 1905년 발표하였으며, 1916년 일반 상대성 이론을 발표하였다. 미국의 원자폭탄 연구인 맨해튼 계획의 시초를 이루었으며, 통일장 이론을 더욱 발전시켰다.

'운명은 우연이 아닌 선택이다. 기다리는 것이 아니라 성취하는 것이다.'
- 미국의 정치가 윌리엄 브라이언

윌리엄 브라이언(1860~1925)

미국의 정치가. 안으로는 금권정치를, 밖으로는 제국주의를 반대하여 평화유지에 힘쓴 진보파 정치가로 알려졌다.

'교육의 목적은 인격의 형성이다.'
- 영국의 철학자 스펜서

스펜서(1820~1903)

영국의 철학자, 사회학자. 다윈의 진화론에 입각하여 생물학, 심리학, 윤리학을 종합한 철학 체계를 수립하였으며, 사회 유기체설을 주창하고 사회의 발전을 진화론적으로 설명하였다. 저서에 『종합 철학 체계』가 있다.

속담으로 말의 가락과 간결함을 느껴보라

속담은 예부터 입에서 입으로 전해 내려오는 우리 민족의 소중한 언어유산이다. 삶의 지혜와 재치, 문화, 풍습이 담겨 있다. 속담은 말의 가락이 좋고 간결하며 표현 또한 정확하여 적절하게 사용하면 우리의 언어생활을 다양하고 풍부하게 해준다.

· '남이 친척보다 낫다.'라는 말이 있다.

멀리 떨어져 사는 일가보다 남이라도 이웃에 가까이 지내는 사람이 낫다는 말이다.

· '가난한 집 제사 돌아오듯 하다.'

살기도 어려운데 가난한 집에 제사만 돌아와 그것을 치르느라 매우 어려움을 겪는다는 뜻입니다. 힘든 일이 자주 닥쳐옴을 비유적으로 이르는 말입니다.

· '가는 토끼 잡으려다 잡은 토끼 놓친다.'

욕심을 너무 크게 부려 한꺼번에 여러 가지를 하려다가 이미 이룬 일
까지 실패하기 쉽다는 말.

· '잘되면 술이 석 잔이요, 안 되면 뺨이 세 대다.'

예로부터 결혼 중매는 잘하면 술을 얻어먹고 잘못하면 매를 얻어맞
게 되므로 주의해서 주선하라는 말이다.

· '대문은 넓어야 하고, 귓문은 좁아야 한다.'

　남의 말은 듣되 유익한 것과 해로운 것을 구별해야 한다는 것을 강조한 말이다.

· '물에 빠진 놈 건져놓으니까 봇짐 내라 한다.'

　남에게 신세를 지고 그것을 갚기는커녕 도리어 그 은인을 원망함을 일컬음.

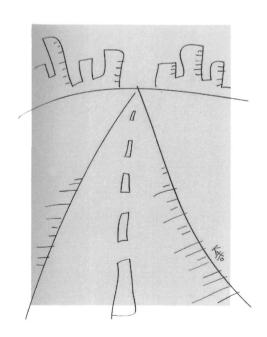

· '얌전한 고양이가 부뚜막에 먼저 올라간다.'

겉으로는 얌전한 척하는 사람이 뒤로는 오히려 더 나쁜 짓만 한다는
말입니다.

· '열 길 물속은 알아도 한 길 사람 속은 모른다.'

사람의 마음을 헤아리기가 그만큼 어렵다는 뜻으로 쓴다.

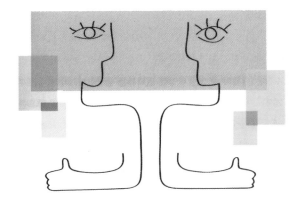

· '오뉴월 하루 볕이 무섭다.'

오뉴월은 하루해가 길고 햇볕이 많기 때문에 잠깐이라도 식물이 자라는 정도가 크다는 말.

· '황금 천 냥이 자식 교육만 못하다.'

막대한 유산을 남겨주는 것보다는 자식교육이 더 중요하다는 말입니다.

고전으로 인생의 풍요로움을 얻자.

1천 년 이상 철저한 검증을 해온 동양고전은 하나의 바이블이 되어 왔다. 역사는 일정한 패턴을 두고 시공을 초월해 반복되기 때문이다. 동양고전은 인생의 나침반 같은 역할을 많이 한다. 스피치에서는 밝고 분명한 어조로 말하자.

· 논어에 나오는 용자불구(勇者不懼)는 용기 있는 사람은 두려워하지 않는다는 의미이다.

최악의 어려움을 각오하면 두려움은 사라진다.
인생은 결국 정면승부 해야 한다.

· 견의불위 무용야(見義不爲 無勇也)는 의를 보고도 행하지 않는 다면 용기가 없는 것이라는 뜻이다.

의를 겸한 성공은 큰 바람에도 결코 쉽게 흔들리지 않는다.

· 지자불혹(知者不惑)이란 지혜로운 사람은 모든 것에 미혹되지 않는다는 뜻이다.

독서, 대화, 경험 등을 통해 지혜를 쌓으면 인생의 많은 문제를 풀어 나가는 힘을 얻게 된다.

· 인자불우(仁者不憂)는 어진 사람은 근심하지 않는다는 뜻이다.

일은 열심히 하고 사람은 순수한 마음으로 대한다면 근심 걱정이 사라진다.

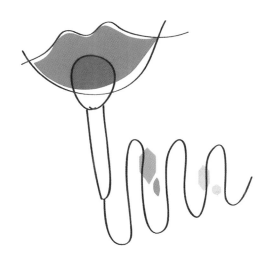

· 논어에 나오는 무우불여기자(無友不如己者)는 자기보다 못한 사람을 친구로 삼지 말라는 뜻이다.

매일 성잘 할 수 있도록 힘과 용기, 지혜를 주는 친구를 사귀는 것이 중요하다.

· 학이불사즉망(學而不思則罔)은 배우고 나서도 생각하지 않으면 얻는 것이 없다는 뜻이다.

지식은 숙고를 통해 자신의 것으로 만들어야 그 실행도 가능하다는 의미다.

· 맹자에 나오는 불위야 비불능야(不爲也 非不能也)는 말하기를 하지 않은 것이지, 하지 못하는 것이 아니라는 의미이다.

위험을 감수하고 도전하면 광개토대왕처럼 거칠지만 희락이 넘치는 삶을 살 수 있다.

· 기자감식 갈자감음(飢者甘食 渴者甘飲)은 굶주린 사람은 달게 먹고, 목마른 사람은 달게 마신다는 뜻이다.

배고프면 모든 음식이 맛있게 보이듯, 의욕이 넘치는 사람에게 세상은 아름답게 보이기 마련이다. 늘 헝그리 정신을 가지고 의욕적으로 살아야 한다.

· 대학에 나오는 유천하지성 위능화(唯天下至誠 爲能化)는 오직 매사에 지극한 정성을 쏟는 사람만이 변화할 수 있다는 뜻이다.

인간은 단 한 순간에도 몰락할 수 있다. 마지막 순간까지 최선을 다해 살아야 웃음을 잃지 않을 수 있을 것이다.

· 서경에서는 불긍세행 종루대덕(不矜細行 終累大德)이라 했다. 이는 작은 행동에 충실하지 않으면 마침내 큰 덕을 망치게 된다는 의미이다.

모든 문제는 작은 잘못에서 시작된다. 작은 잘못도 소홀히 하는 일이 없도록 신경 써야 한다.

· 좌전의 다행무례 필자급야(多行無禮 必自及也)는 무례한 짓을 많이 하면, 그 화가 자신에게 미친다는 뜻이다.

기분 나쁜 경우를 당해도 이왕이면 따뜻한 말을 해야 한다. 그게 자신에게 좋기 때문이다.

· 예기의 수유가효 불식부지기지야(雖有嘉肴 不食不知其旨也)는 아무리 좋은 안주도 먹어보지 않으면 모른다는 의미이다.

모든 일은 겪어봐야 알 수 있다. 제대로 알고 싶다면 용기를 내고 일단 부딪혀보는 것이 중요하다.

· 채근담에 나오는 반기자 촉사개성약석(反己者 觸事皆成藥石)은 스스로를 돌이켜 보는 사람은 매사가 모두 약과 침이 된다는 뜻이다.

세상만사 모든 것이 배움의 연속이다. 늘 배우고 스스로 반성하면 매일 성장할 수 있을 것이다.

· 십팔사략에 나오는 유지자사경성야(有志者事竟成也)는 확고한 뜻을 지닌 자는 반드시 성공한다는 뜻이다.

세상만사 결국에는 마음먹기 나름이다. 마음만 확고하다면 어떤 어려움도 능히 이겨낼 수 있기 때문이다.

· 한서에 나오는 인생행락이(人生行樂耳)는 인생은 즐거움을 행하는 것이라는 의미이다.

인생을 가장 잘 사는 사람은 지금 이 순간을 행복하고 즐겁게 사는 사람이라 할 수 있다.

시 구절로 감성스피치

- 운율이 있는 스피치, 시(詩)

감성적인 면을 가지려면 시를 읽어라. 그리고 시의 구절을 음미하며 낱말들을 느껴보라.

감성의 시대에 살고 있는 요즈음, 시 한 편이 주는 의미는 대단하다. 자기 내면의 모습에 대해 성찰도 할 수 있고 남을 생각하는 시간도 만들 수 있다.

자연과 함께 하는 삶도 만들고 항상 긍정적인 사고를 하는 사람이 되도록 시를 읽자.

TIP

우선 한 편의 시를 정하고 제목을 말하고 지은이를 말한 다음 한 구절, 한 구절을 읽어 내려가면 된다. 가족들과 함께 한 편의 시를 낭송하라.
천천히 낱말의 향기와 빛깔을 나타내어 보라. 나도 모르게 감정이 생긴다.
감정표현력 연습에는 시 낭송이 제격이다. 가끔 시를 즐겨라.

나 그대를 사랑하기에

헤르만 헤세

나 그대를 사랑하기에, 이 밤 미친 듯 속삭이듯
그대에게 왔노라.
그대 결코 나를 잊지 못하도록,
나 그대의 영혼을 가지고 가노라.

이제 그대 내 곁에 있고
모든 선(善)과 악(惡) 속에서도 나의 것이니,
격렬하고 타는 듯한, 나의 사랑으로부터
어떤 천사도 그대를 빼앗아 갈 수 없으리.

*헤르만 헤세(Hermann Hesse, 독일, 1877 ~ 1962)는 독일의 유명한
시인이며 풍부한 자연 감성으로 널리 인정받았고 1946년 괴테상과 노
벨문학상을 수상하였다.

흔들리지 않고 피는 꽃이 어디 있으랴

도 종 환

흔들리지 않고 피는 꽃이 어디 있으랴

이 세상 그 어떤 아름다운 꽃들도

다 흔들리며 피어나니

흔들리면서 줄기를 곧게 세웠나니

흔들리지 않고 가는 사랑이 어디 있으랴.

젖지 않고 피는 꽃이 어디 있으랴

이 세상 그 어떤 빛나는 꽃들도

다 젖으며 피어나니

바람과 비에 젖으며 꽃잎 따뜻하게 피웠나니

젖지 않고 가는 삶이 어디 있으랴.

접시꽃 당신

도 종 환

옥수수 잎에 빗방울이 나립니다.
오늘도 또 하루를 살았습니다.
낙엽이 지고 찬바람이 부는 때까지
우리에게 남아있는 날들은
참으로 짧습니다.

아침이면 머리맡에 흔적 없이 빠진 머리칼이 쌓이듯
생명은 당신의 몸을 우수수 빠져 갑니다.

씨앗들도 열매로 크기엔
아직 많은 날을 기다려야 하고
당신과 내가 갈아엎어야 할
저 많은 묵정밭은 그대로 남아 있는데
논두렁을 덮는 망촛대와 잡풀가에
넋을 놓고 한참을 앉았다 일어섭니다.

마음 놓고 큰 약 한번 써보기를 주저하며
남루한 살림의 한구석을 같이 꾸려오는 동안

당신은 벌레 한 마리 죽일 줄 모르고
약한 얼굴 한 번 짓지 않으며 살려 했습니다.

그러나 당신과 내가 함께 받아들여야 할
남은 하루하루의 하늘은
끝없이 밀려오는 가득한 먹장구름입니다.
처음엔 접시꽃 같은 당신을 생각하며
무너지는 담벼락을 껴안은 듯
주체할 수 없는 신열로 떨려왔습니다.

그러나 이것이 우리에게 최선의 삶을
살아온 날처럼, 부끄럼 없이 살아가야 한다는
마지막 말씀으로 받아들여야 함을 압니다.

우리가 버리지 못했던
보잘것없는 눈 높음과 영욕까지도
이제는 스스럼없이 버리고
내 마음의 모두를 아리고 슬픈 사람에게
줄 수 있는 날들이 짧아진 것을 아파해야 합니다.

남은 날들은 참으로 짧지만
남겨진 하루하루를 마지막 날인 듯 살 수 있는 길은
우리가 곪고 썩은 상처의 가운데에
있는 힘을 다해 맞서는 길입니다.

보다 큰 아픔을 껴안고 죽어가는 사람들이
우리 주위에 언제나 많은데
나 하나 육신의 절망과 질병으로 쓰러져야 하는 것이
가슴 아픈 일임을 생각해야 합니다.

콩땜한 장판같이 바래어 가는 노랑꽃 핀 얼굴 보며
이것이 차마 입에 떠올릴 수 있는 말은 아니지만
마지막 성한 몸뚱아리 어느 곳 있다면
그것조차 끼워 넣어야 살아갈 수 있는 사람에게
뿌듯이 주고 갑시다.

기꺼이 살의 어느 부분도 떼어주고 가는 삶을
나도 살다 가고 싶습니다.
옥수수 잎을 때리는 빗소리가 굵어집니다.

이제 또 한 번의 저무는 밤을 어둠 속에서 지우지만
이 어둠이 다하고 새로운 새벽이 오는 순간까지
나는 당신의 손을 잡고 당신 곁에 영원히 있겠습니다.

    * 도종환은 충북대학교 사범대학 국어교육과를 졸업하고 1985년 충청
북도 청원군 부강중학교에 근무하던 시절에 발간한 그의 첫 시집『고두
미 마을에서』부터 깊숙한 자기 울림의 세계를 그려낸 훌륭한 시인으로
인정받기에 충분했다. 또한 어린 두 아이를 두고 위암으로 세상을 떠
난 그의 아내에게 바친 시집『접시꽃 당신』과『내가 사랑하는 당신은』
(1988)이라는 2권의 시집과『지금 비록 너희 곁을 떠나지만』(1989)을
발간했다.
1990년 산문집『지금은 묻어둔 그리움』과『그대 가슴에 뜨는 나뭇잎
배』, 그리고 1998년『그때 그 도마뱀은 무슨 표정을 지었을까』를 발
간했다. 또한 1993년 시집『당신은 누구십니까』와『사람의 마을에 꽃
이 진다』(1994), 그리고『부드러운 직선』(1998) 등을 연달아 발표했다.
시집『슬픔의 뿌리』(2002),『해인으로 가는 길』(2006), 산문집『모과』
(2000),『사람은 누구나 꽃이다』(2004),『마지막 한 번을 더 용서하는
마음』(2000), 동화『바다유리』(2002),『나무야 안녕』(2007) 등이 있다.
민족예술상(1997), 거창평화인권문학상(2006), 한국문화예술위원회
문학부문 예술상(2006) 등을 수상했다. 2012년에는 민주통합당 비례
대표 국회의원이 되었다.

사 랑

하이네

봄에 이루어진 사랑은 마음이 예쁜 사랑
순이네 앞뜰에 핀 꽃처럼 나의 친구처럼,
여름에 이루어진 사랑은 마음이 굳센 사랑
바위를 깨치는 파도처럼 나의 아빠처럼.

가을에 이루어진 사랑은 마음이 고운사랑
하이네 시처럼 아름다운 나의 연인처럼,
겨울에 이루어진 사랑은 마음이 넓은 사랑
대지를 뒤덮는 흰 눈처럼 나의 엄마처럼.

*하인리히 하이네(Heinrich Heine)는 독일의 시인으로 본명은 Harry
 Heine이며 뒤셀도르프에서 출생했다.
 가난한 유대인 상가(商家)에서 태어나 본 대학·괴팅겐대학·베를린대
 학 등에서 법학을 전공하였다. 저서로는 희곡『라트리프』『아르만조
 르』, 기행문집『여행 그림: Reisebilder』(26~31), 대시집『로만체로:
 Romanzero』(51), 『루티치아』(54) 등이 있다.

노랫말로 감성스피치

- 노랫말에 숨어 있는 스피치

노래도 자기 자신을 표현할 수 있는 표현력 중 하나다.

노래로 자신을 표현하기 위해서는 그만큼 감수성도 뛰어나야 한다. 그리고 노래를 잘하려면 먼저 리듬을 익혀야 하는데 그러려면 많은 노래를 들어봐야 한다. 저절로 흥얼거리게 되고 자신도 모르게 리듬을 타면서 가사를 이해하는 것이 우선이기 때문이다.

가사에 대한 전달력을 가지려면 먼저 가사를 내 것으로 만들어야 한다. 낱말 하나하나를 음미해 보자. 그리고 발음을 명확하게 해보자.

감정의 차이에서도 노래로 익힌 표현력이 큰 차이를 발생시킨다. 즉, 자신의 감정을 조절할 줄 알아야 한다. 노래 인생 40년의 조용필 같은 가수도 여전히 노래를 하기 위해서는 끊임없는 연습을 해야 한다고 말한다.

물론 조용필은 3시간 내내 자신의 히트곡으로만 공연할 수 있을 만큼 대한민국의 대표 가수다. 그럼에도 끊임없는 연습은 그를 최고로 대접받게 했다. 그런 노력이 국내 최초로 음반 판매량 1,000만 장을 넘길 수 있게 했을 것이다. 또한 올림픽 주경기장을 4만 5천여 관객으로 그것도 폭우 속에서 꼼짝 못하게 가둬 둔 마력(魔力)의 소유자다. 조용필처럼 쉬지 않는 연습만이 최고가 될 수 있게 한다.

TIP

자기가 좋아하는 노래를 자주 듣고 따라 해야 한다. 단전에 항상 중심을 두고 단전에서 올라오는 소리로 노래를 불러라. 들이마시는 숨으로 부르고 노래할 때 숨을 내쉬어라. 느낌 그대로 동작과 함께 힘차게 불러봐라. 노래도 해보지 않으면 영원히 잘할 수 없다. 기회가 있을 때마다 남들 앞에 당당하게 나서는 멋있는 가수가 되어 보라.

돌아오지 않는 강

조 용 필

당신의 눈 속에 내가 있고
내 눈 속에 당신이 있을 때 우리 서로가 행복했노라
아 아 그 바닷가 파도소리 밀려오는데
겨울나무 사이로 당신은 가고
나는 한 마리 새가 되었네.

우리 서로가 행복했노라
아 아 그 바닷가 파도소리 밀려오는데
겨울나무 사이로 당신은 가고
나는 한 마리 새가 되었네.
새가 되었네.

사랑은 아직도 끝나지 않았네

조 용 필

다시는 생각을 말자 생각을 말자고
그렇게 애타던 말 한마디 못하고
잊어야 잊어야만 될 사랑이기에
깨끗이 묻어 버린 내 청춘이건만
그래도 못 잊어 나 홀로 불러 보네
사랑은 아직도 끝나지 않았네.

잊어야 잊어야만 될 사랑이기에
깨끗이 묻어 버린 내 청춘이건만
그래도 못 잊어 나 홀로 불러 보네
사랑은 아직도 끝나지 않았네.
끝나지 않았네.

TIP

준비된 가사를 완벽하게 소화할 때까지 연습하고 또 연습하라. 주변 사람들이 인정할 때까지 연습하고 또 연습하라.

0.5초 1초의 여유를 갖는 습관

말은 쉬고, 쉬고 또 쉰다.

여유를 찾기 위해서는 쉬면서 듣는 이들의 눈과 마주치고 여유를 찾아야 한다. 그리고 잠시 쉬면서 다음 할 말을 준비하라. 스피치를 누구보다 잘하려면 여유를 가져야 한다.

마이크의 음량을 조절할 때부터 시작해 여유를 만들고 인사를 할 때도 여유를 만드는 습관을 가져라. 또한 문장의 끝을 '다', '까', '요' 등으로 끝나도록 해보는 것도 좋은 방법이 된다.

TIP

자기만의 스피치 여유 표현력을 만들기 위해서는 매일 연습을 해야 한다.
필요한 문장을 미리 만들어 놓고 출근길, 퇴근길, 심지어는 운전을 할 때도, 스피치 장소로 이동할 때도, 천천히 차분하게 여유를 갖는 연습부터 끊임없이 해야 한다.

0.5초 1초의 문장표현 법칙

- 노력에서 오는 기쁨

행복하게 지내는 대부분 사람은 노력파입니다.
게으름뱅이가 행복하게 사는 것을 보았습니까?
노력의 결과로 오는 어떤 성과의 기쁨 없이는
그 누구도 참된 행복을 누릴 수가 없습니다.

수확의 기쁨은 그 흘린 땀에 정비례하는 것입니다.
이 말은 '블레이크'가 한 말입니다.
행복은 노력하는 사람의 것이란 말은
매우 설득력 있는 말입니다.

높이 나는 새가 멀리 보고 새벽에 일찍 일어나는
새가 더 많은 먹이를 먹는 법입니다.
움직이는 사람에게 먹을 것이 생기는 것은
너무도 당연한 일입니다.

노력하는 사람만이 행복해질 수 있는 것입니다.
기쁨을 남기는 행복. 얼마나 향기로운 말입니까?
그런 향기를 남기는 삶을 살아야 하겠습니다.

얼굴을 펴면 인생길이 펴진다.

사람을 만날 때 첫인상은 대단히 중요하다. 첫인상은 보통 3초 안에 결정된다고 하는데, 첫인상에 대한 아주 흥미로운 연구가 캘리포니아 대학의 심리학과 교수인 알버트 메라비안에 의해서 행해졌다.

그는 커뮤니케이션에 있어서 언어적인 요소(말하는 내용)가 7%, 외모. 표정. 태도 등 시각적인 요인이 55%, 그리고 목소리 등 청각적인 요인이 38%를 차지한다고 했다.

이러한 원칙은 첫 만남에서 가장 강력하게 나타난다고 한다. 그의 연구를 웃음의 측면에서 보면 웃는 얼굴과 웃음소리가 첫 만남의 93%를 지배한다고 해도 무방할 것이다.

『얼굴』이라는 책으로 베스트셀러 작가 반열에 오른 미국의 과학 저널리스트 대니얼 맥닐은 그의 저서를 통해, 판사들은 재판에 임할 때 공평무사하게 판결을 내리는 것 같지만 실제로는 재판 중에 미소를 짓는 피고인에게 더 가벼운 형량을 선고한다고 밝혔다.

가장 객관적이고 논리적인 곳이어야 할 법정에서도 웃음과 미소가 최고의 변호사가 될 수 있다는 이야기이다.

미소는 돈으로 살 수도 구경할 수도 없으며, 빌리거나 훔칠 수도 없다고 합니다. 나의 작은 미소로 사람의 마음을 훈훈하게 해줄 수 있다면 얼마나 좋은 일입니까? 언제나 미소 짓는 행복한 삶이 되어야 하겠습니다.

가슴 뛰는 삶을 살고 계십니까?

우리는 하루 24시간 즉, 1,440분을 똑같이 배분받습니다.

그것은 나이와 신분에 관계없이 똑같이 적용되는 법칙입니다.

그러나 그것을 어떻게 이용하는가는 사람에 따라 다릅니다.

하루라는 시간으로 보면 그렇게 차이가 없을지 모릅니다.

하지만 우리는 잊고 살아가고 있습니다.

하루가 한 달이 되고, 그 한 달이 곧 일생이 되어버린다는

사실입니다.

*Reading

살아가는 동안 당신이 명심해야 할 것이 하나 있습니다.

그것은 당신이 후회하고 애걸복걸해도 한 번 흘러가버린 시간은 다시는 되돌릴 수 없다는 사실입니다.

늘 배우겠습니다.

꿈만 꾸지 말고 이루라, 실행하라.

공포영화인 '록키 호러 픽쳐 쇼'에 이런 대사가 나온다.

"Don't dream it. Be it!" 꿈만 꾸지 말고 이루라, 실행하라!

물론 누구나 할 것 없이 실행하기 위해서 꿈을 꾸고 있고 매년 시작하는 날이 되면 우린 꿈을 꾸긴 하지만 별로 실행을 하지 못한 채, '이건 내가 할 게 아니야.', '아직 시간은 충분해.', '이걸 꼭 해야 해?' 등등 여러 가지 자기 합리화할 것을 찾아 스스로 자문하면서 대부분 실행하지 못하는 경우가 허다하다.

아무리 좋은 이야길 해도 그 이야기가 내 것이 되지 않는 한은 꿈도 꿀 수가 없기에 꿈만 꿀 수 있어도 좋을 것이라는 사람들도 있다. 일견 맞는 말일 수도 있지만 열매가 없는 꿈은 한낱 신기루에 불과하다고 해야 할 것이다.

*Reading

영화에서 나온 대사를 또 하나 말씀드리겠습니다. 영화 '쇼생크 탈출'에 이런 대사가 나옵니다. "희망은 좋아요. 그리고 좋은 것은 절대 사라지지 않아요."

꿈을 실행하면 희망이 되고 그 희망은 절대 사라지지 않지만 실행하지 않는 꿈은 결코 희망이 될 수 없습니다. 꿈과 희망을 품기 위해 우리가 생각하는 꿈을 함께 실행해 보지 않으시렵니까?

칭찬하는 습관

누구나 칭찬을 받으면 기뻐하고 즐거워한다.

칭찬은 사람의 마음을 따뜻하게 만들어 준다.

칭찬에 익숙한 사람은 인정이 많은 사람이다.

사람이 칭찬을 받으면 자신감이 넘치게 된다.

이런 사람들이 많을수록 우리 사회는 비로소 행복해진다.

사랑하는 사람을 칭찬하라.

사랑하는 사람을 칭찬하는 습관을 가져야 자신도 사랑받는 사람이 되는 것이다.

*Reading

칭찬 속에서는 사랑도 활기찹니다.

당신의 사랑이 아름답기를 바란다면 칭찬으로 가꾸어야 합니다. 칭찬은 가장 적극적인 사랑의 표현입니다.

남을 사랑하는 마음이 바로 칭찬입니다.

행복을 상상하라.

간절히 원하면 꼭 이루어진다는 '피그말리온 효과'가 있다.

긍정적인 상상은 당연히 긍정적인 에너지를 불러일으키게 된다. 같은 상상이라도 미래에 대한 불안한 감정으로 하는 상상과 미래에 대한 기대와 행복으로 하는 상상의 효과는 확연히 다를 수밖에 없다.

상상을 할 때는 최대한 긍정적으로 행복하게 하는 것이 중요하다. 이루어질수 없을 것 같은 막막한 상상이라도 상상인데 뭐 어떠하랴 하는 마음으로 크고 깊고 높고 넓게 해야 하는 것이다. 상상은 아무리 크게 해도 돈이 들지 않는다. 아무리 허황된 상상을 해도 누가 뭐라 하지 않는 것이다.

*Reading

내 마음속에 가득 담고 행복하면 그만입니다.
내가 만든 긍정적인 상상은 나에게 활력을 불어넣어 줍니다. 현실감도 없이 단지 상상만으로 즐거웠던 막연한 상상들을 찾아봅시다. 좋은 상상은 힘이 되고 끝없이 상상하면 결국 이루어집니다. 상상의 에너지가 우리 삶에 활력이 되어줄 것입니다.

베푸는 것이 이기는 길

세상 사는데 어찌 나를 싫어하고 질시하는 사람이 없을까? 내가 잘 나가도 못 나가도 질시하거나 질타하는 이웃은 있게 마련이다. 그 문제를 잘 헤아리는 지혜가 그 사람의 인생길을 결정해주는 지표가 된다.

사람들의 심보는 대개가 남을 칭찬하는 쪽보다 남을 흉보는 쪽으로 치우치는 경우가 흔하다. 그 치우쳐져 있는 것을 바르게 세우는 것이 교육이요, 수련이며 자기 성찰이다. 그 모든 수단은 자기에게 도전하는 적을 없애는 좋은 방법이다. 그래서 옛날부터 이렇게들 말했다. "백 명의 친구가 있는 것보다 한 명의 적이 무섭다." 맞는 말이다. 백 명의 친구가 나를 위해준다 해도 마지막 한 명의 적이 나를 무너뜨리기엔 충분한 것이다. 그래서 세상 사는 일에서 빼놓을 수 없는 것이 뒤돌아보라는 것이다. 지금 내가 강하고 세다고 보잘것없는 사람을 무시했다간 어느 세월에 내 앞에 강한 사람이 서 있게 된다는 것, 그것은 정말 거짓 없는 현실임을 직시해야 한다.

*Reading

오늘 하루 어쩌다가 행여 매듭이 만들어진 부분이 있다면 반드시 풀고 가십시오. 그것은 오래도록 풀리지 않는 매듭이 되어 훗날 아주 풀기 어려운 매듭이 될 수 있습니다.
꼭! 잊지 마십시오. 자신을 위해서 말입니다.
베푸는 것이 이기는 길입니다.

좋은 인맥이 성공을 부른다

인간관계는 유유상종이라서 자신 스스로 타인에게 좋은 인맥이 되지 않으면 좋은 인맥을 맺기 어렵다. 아쉬운 일이지만 그것이 사회이고 현실이다.

따라서 지속적인 자기 성장과 발전을 이루지 못하는 사람은 좋은 인맥을 형성하기 어렵다. 어떤 사람 중에는 이 말을 들으면 실망과 좌절감을 느끼는데 그럴 필요 없다. 지금 가장 낮은 단계에 있더라도 한 계단씩 천천히 올라가면 된다.

중요한 것은 사람들에게 내가 꿈과 열정을 갖고 지속적으로 성장하는 사람으로 보이는가 아닌가에 달려 있다. 항상 제자리에 정체된 사람이 아니라 변화와 발전의 가능성을 지닌 사람만이 좋은 인맥을 만들 수 있다. 좋은 인맥을 만드는 것은 쉽지 않은 일이지만 인생에서 우선하여 노력할 필요가 있는 매우 가치 있는 일이다.

*Reading

인맥은 운명이요, 삶이라는 사실을 명심하고 좋은 인맥을 만들기 위해 열심히 노력하십시오.
헨리 카이저가 알려준 가장 간단하고 쉬운 방법을 소개합니다.
"인간은 저마다 신의 아들이므로 모든 인간이 중요하다는 사실을 잊지 마십시오."

꿈과 노력의 상관관계

　최고의 바이올리니스트를 꿈꾸는 청년이 있었다.

　게으른 그는 연습을 소홀히 하여 꿈과는 달리 연주 실력이 형편없었기에 어디서도 연주 자리를 구할 수 없었다.

　생활고에 시달리던 그는 결국 자신의 바이올린을 5달러에 팔아버리고 말았다. 그리고 얼마 후, 청년은 자신이 팔아버린 그 바이올린이 10만 달러짜리 스트라디바리우스라는 사실을 알게 됐다.

*Reading

만약 청년이 자신의 꿈을 이루기 위해 끊임없이 노력했다면 자신이 가진 바이올린의 진가를 알았을 것입니다.
바이올린과 바이올리니스트라는 꿈을 5달러에 팔아버리지도 않았을 것입니다. 꿈은 노력을 만났을 때 비로소 현실이 됩니다.

내가 최고다

"나는 언제나 경기장에 들어서기 전에는 '내가 최고다!'라는 주문을 외웠습니다. 효과는 만점이었습니다.

터질 것 같이 고동치던 심장도 어느새 고른 박자를 내기 시작하고 주문을 외면 욀수록 또렷하게 정신이 집중되는 효과까지 있었습니다."

- 박지성 『멈추지 않는 도전』 중에서 -

*Reading

아무리 뛰어난 능력을 가진 사람이라도
자신감이 없다면 제 실력을 발휘하기 어렵습니다.
자신감은 100% 이상의 능력을
발휘할 수 있도록 도와주는 신비한 힘입니다.
현재는 언제나 중요한 때입니다.
오늘도 어깨를 펴고 당당히 외치세요.
"내가 최고다!"라고 말입니다.

말이 깨끗하면 삶도 깨끗해진다.

생명의 소중함을 깨닫고 저마다 의미 있는 삶을 살고자 마음을 가다듬는다면 누가 다른 사람을 깎아내리는 말에 관심을 두겠는가?

험담은 가장 파괴적인 습관이다. 입을 다무는 일도 깨달음이다. 인간과 동물의 두드러진 차이점은 의사소통 능력이다. 오직 인간만이 복잡한 사고와 섬세한 감정, 철학적인 개념을 주고받을 수 있는 것이다.

그런데 우리는 이 귀한 선물을, 사랑을 전하고 관계를 돈독하게 하고 불의를 바로 잡는 데 써왔는가? 아니면 서로에게 상처를 입히고, 멀어지도록 했는가? 다른 사람에게 해줄 좋은 말이 없거든 차라리 침묵을 지켜라. 화제를 돌려라. 험담을 멈추게 할 수 있는 사람은 이미 나쁜 마음을 먹고 말하는 쪽이 아니라 그 이야기를 듣는 쪽이다.

대화가 옳지 않은 방향으로 흘러갈 때는 스포츠, 날씨, 경제 등 안전하고 흥미로운 화제로 바꾸어라. 험담이 시작될 때마다 다른 이야기를 꺼낸다면 상대방은 험담을 해도 아무 소득이 없다는 사실을 깨닫고 주의할 것이다.

용서하는 방법을 개발하라.

링컨 대통령은 자신의 명령에 따르지 않는 장관들 때문에 좌절과 분노를 느끼면 그 사람들 앞으로 온갖 욕설과 비난을 퍼붓는 편지를 쓰곤 했다. 그리고는 편지를 부치기 직전에 갈기갈기 찢어 쓰레기통에 버림으로써 자신을 괴롭히는 부정적인 감정을 털어냈다.

자신만의 방법으로 분노와 증오를 극복해라.

충동을 이겨내십시오. 험담하고 싶은 욕망을 이겨낼 때마다 자기를 칭찬하고 부정적인 말을 꺼내기 전에 자신을 붙잡으십시오. 물론 험담하지 않는다고 박수를 보낼 사람은 없습니다. 그러나 당신은 스스로 올바른 일을 한 것이 됩니다. 세상을 바꾸십시오! 한 번에 한 마디씩 깨끗한 말을 합시다.

세기의 연습벌레들

20세기 10대 첼리스트로 꼽히는 모리스 장 드롱, 연습벌레로 유명한 그는 피카소와의 특별한 일화를 가지고 있다.

장 드롱은 피카소에게 자신의 분신과도 같은 첼로를 그려 달라고 부탁했다.

피카소는 흔쾌히 허락했고, 그 후에도 몇 번 더 피카소를 만날 기회가 있었지만, 웬일인지 첼로를 그렸다는 이야기는 없었다. 장 드롱은 피카소가 그냥 지나가는 말로 그림을 그려주겠다고 했구나, 생각하고 곧 그 일을 잊었다.

그 뒤 10년이 흐른 어느 날, 피카소는 장 드롱에게 그림 한 장을 내민다. 그의 첼로 그림이었다. 장 드롱이 깜짝 놀라서 어떻게 된 거냐고 물었더니 피카소가 대답했다.

"자네에게 첼로를 그려 달라는 말을 듣고 10년 동안 날마다 첼로 그리는 연습을 했지. 그런데 아무리 그리고 그려도 자네가 연주하는 아름다운 첼로 소리는 들리지 않더군. 10년쯤 그리다 보니 이제야 그 소리가 들리는 것 같네."

20세기를 대표하는 첼리스트 모리스 장 드롱, 그리고 현대미술의 거장으로 불리는 파블로 피카소. 그들 명성의 비밀은 바로 연습, 또 연습이었다.

*Reading

세계 최고의 사이클 선수 랜스 암스트롱의 이야기로 마무리하겠습니다. "나에게 경기는 이기는 것이 아니라 '철저하게 완벽한 상태로 연습하는 것입니다. 하루 연습을 빼먹으면 내가 알고, 이틀 연습을 빼먹으면 아내가 알고, 사흘 연습을 빼먹으면 온 세상이 압니다."

연습이 성공을 부른다.

천재들을 보며 우린 그들을 선택받은 사람이라고 생각하기 쉽다.

하늘에서 뚝 떨어졌거나 부모가 좋은 유전자를 가졌기 때문에 그렇게 좋은 머리로 태어났다고 생각하는 것이다.

물론 부모에게서 받은 영향도 부정할 수는 없을 것이다.

그러나 천재는 선택받은 사람도 아니고 반드시 100%의 좋은 유전자를 가진 부모 밑에서 나오지도 않는다.

음악이나 미술 등 여러 분야에서 눈에 띄는 천재의 공통점은 연습의 대가라는 것이다. 연습이 대가를 만든다는 말처럼 그들은 자신에게 소질이 있는 분야를 연습하고 또 연습해서 하나의 경지를 만들어내는 집념의 노력파이다.

*Reading

우리 역시 스피치에 관심을 가지고 시작합니다.
그러나 그 관심을 끝까지 인내력으로 지켜나가는 사람은 드뭅니다. 바로 그 점에서 우리와 대가의 차이가 있습니다.

작은 일을 소홀히 하지 않는 자만이 성공한다

세상에는 아무것도 아닌 일을 가지고 고민하거나 허송세월하는 사람이 많다. 무엇이 중요하고 덜 중요한지를 잘 모르는 사람들이다. 이런 사람들은 결국 중요한 일에 소비해야 할 시간과 노력을 보잘것없는 일에 허비해 버리고 만다.

또, 이런 사람은 누군가와 대화를 나눌 때도 그 사람의 겉모습에만 마음을 빼앗겨 정작 중요한 인격을 제대로 보지 못한다. 연극을 관람할 때도 내용보다는 무대 장치나 소품 같은 것에만 신경을 쓰는 것과 같다.

정치도 마찬가지다. 이런 사람은 정책을 제시하기보다는 형식에 얽매여 제대로 된 주장을 펴지 못한다. 이렇게 해서는 아무런 발전도 기대하기 어렵다. 그런데 똑같이 하찮은 일인데도 호감을 사기도 하고, 남들을 즐겁게 할 수도 있는 일은 많다. 훌륭한 인간이 되기 위해 식견을 넓히고, 품위 있는 태도를 몸에 익히려는 것과 마찬가지로 이러한 것은 아무리 사소하더라도 노력하여 몸에 익히는 것이 좋다.

*Reading

조금이라도 해볼 만한 가치가 있다고 생각되는 일은 훌륭하게 성취해 낼 수 있는 일입니다. 물론 그 일은 훌륭하게 성취하기 위해서는 무엇보다도 그것에 주의를 기울여야 합니다. 옷차림도 마찬가지입니다. 사람은 누구나 옷을 입지만, 이왕이면 남들보다 단정하게 입어 다른 사람의 호감을 사는 것도 나쁘지 않은 일입니다.

최선을 다하면 자신감이 생긴다.

이미 경험했던 것을 자신 있게 하는 것보다, 해보지 않은 것에 자신을 갖고 할 때, 진정으로 자신감이 있다고 이야기할 수 있다.

자신감은 실천하다 보면 생기는 것이다. 처음부터 잘해서 하는 사람은 많지 않다.

최선을 다한다는 것은 젖은 수건에서 물을 짜는 것이 아니라 마른 수건을 한 번 더 짜서 물방울을 만드는 것이다.

*Reading

꾸준히 하다 보면 더 좋아지고 더 발전하는 것입니다.
그래서 자신감은 만드는 것이고 창조하는 것입니다.
최선을 다할 때, 자신에게 감동하게 되고 그때 자신감이 생기고 뇌가 깨어납니다.

가을엔 맑은 인연이 그립다

"가을엔 맑은 인연이 그립습니다.

　서늘한 기운에 옷깃을 여미며 고즈넉한 찻집에 앉아 화려하지 않은 코스모스처럼 풋풋한 가을 향기가 어울리는 그런 사람이 그립습니다. 모락모락 피어오르는 차 한 잔을 마주하며 말없이 눈빛만 마주 보아도 행복의 미소가 절로 샘솟는 사람이 그립습니다.

　가을날 맑은 하늘빛처럼 그윽한 향기가 전해지는 사람이 그립습니다. 찻잔 속에 향기가 녹아들어 그윽한 향기를 오래도록 느끼고 싶은 사람이 그립습니다."

-이외수-

HL0304

*Reading

가을엔 그런 사람이 그리워집니다.산등성이의 은빛 억새처럼 초라하지 않으면서 기품이 있는,
겉보다는 속이 아름다운 그런 사람이 그립습니다.
가을에 억새처럼 출렁이는 은빛 향기를 가슴에 품어보겠습니다.

고정관념을 깨자

당신은 토끼와 거북이의 이솝우화를 알고 있을 것이다.

토끼와 거북이가 달리기 경주를 하였다.

우리의 상식으로는 당연히 토끼가 이겨야 하지만, 달리기 경주의 승리자는 거북이였다. 토끼가 자만에 빠져 잠을 잔 사이 거북이는 끊임없이 달려 결승점에 도달한 것이다. 현재에 와서 다시 토끼와 거북이가 달리기 경주를 한다고 하면 토끼가 방심하지 않는 이상 거북이는 죽었다 깨어나도 토끼를 이길 수 없을 것이다.

하지만… 거북이가 토끼를 이기는 방법이 하나 있다.

무엇일까??

여러 가지의 생각이 들 것이다.

왜 꼭 육지에서만 경주해야 하는가?

경주 장소를 바다로 바꾸는 것이다.

토끼가 아무리 발버둥을 친다 해도 거북이를 이기기는 어려울 것이다.

*Reading

당신도 육지에서만 경기해야 한다는 고정관념을 가지고 있는가요? 틀을 깹시다! 생각을 변화시킵시다!
새로운 세상이 나타날 것입니다.

목표를 봐야 한다

토끼와 거북이가 달리기 경주를 했다.

당연히 발 빠른 토끼가 느릿느릿한 거북이를 이겨야 하는 이야기이다.

그러나 거북이가 토끼를 이겼다.

느림보 거북이가 발 빠른 토끼를 이긴 진짜 이유는 무엇일까?

처음부터 바라보는 것이 달랐기 때문이다.

거북이는 출발할 때부터 산등성의 깃발을 바라보았고, 오직 깃발을 바라보면서 달려가기 시작했다.

*Reading

그러나 토끼는 거북이를 바라보았습니다. 거북이를 바라보며 달렸던 토끼는 가다가 코를 골며 태평하게 잠을 자고 말았죠.

목표를 보는 것과 상대를 보는 것이 성공과 실패를 갈랐던 것입니다. 거북이는 목표를 보았고 토끼는 상대를 보았습니다.

성공하는 대화 비결

성공하는 대화 비결은 75%를 들어주는 것이다.

항상 우리가 대화에 실패하는 이유는 자신이 말하는 데 75%를 사용하기 때문으로 대부분 사람은 그래야만 설득할 수 있다고 생각한다.

특히 오늘은 시간을 내서 애인이나 배우자의 수다를 한 시간만 진지하게 들어주자. 상대방은 당신이 말을 들어주고 맞장구쳐주는 것에 틀림없이 감격하고 행복해할 것이다.

하루에 한 시간만 아니면, 30분 만이라도 상대가 수다를 떨게 해보라. 아니면 같이 수다를 나누는 것도 좋다. 나이가 많을수록 부부가 수다를 함께하는 것이 더 좋다.

밖에서 수다를 나눌 시간 및 필요성이 줄어들고 애들에게 잔소리도 줄어들며 가정도 사랑으로 넘치게 될 것이다.

*Reading

"자기의 말은 1분만 하고 상대방의 말은 2분 동안 들어주고, 3분 동안은 상대방의 말에 맞장구쳐 준다."라는 카네기의 '인간관계론'에서처럼 말입니다.

초심을 잃지 않고 사는 지혜

우리가 아껴야 할 마음은 초심이다. 훌륭한 인물이 되고, 중요한 과업을 성취하기 위해서 필요한 세 가지 마음이 있다. 첫째는 초심, 둘째는 열심, 그리고 셋째는 뒷심이다. 그중에서도 제일 중요한 마음이 바로 초심이다. 그 이유는 초심 속에 열심과 뒷심이 담겨 있기 때문이다. 초심에서 열심이 나오고, 초심을 잃지 않을 때 뒷심도 나온다. 초심이란 무슨 일을 시작할 때 처음 품는 마음이다. 처음에 다짐하는 마음인 것이다. 초심이란 첫사랑의 마음이고, 겸손한 마음이라 할 수 있다. 초심이란 바로 순수한 마음 그 자체다.

초심이란 배우는 마음에서 시작된다. 초심이란 견습생이 품은 마음이기도 하다. 초심이란 동심이라고도 말한다. 피카소는 동심을 가꾸는 데 40년이 걸렸다고 말했다. 그래서 마음을 굳건히 하고, 흔들리지 않는 데는 초심처럼 좋은 것이 없다. 가장 지혜로운 삶은 영원한 초심자로 살아가는 것이다. 우리가 무엇이 되고, 무엇을 이루었다고 생각할 때가 가장 위험한 때다. 그때 우리가 점검해야 할 마음이 초심임을 잊지 말아야 한다. 우리 인생의 위기는 초심을 상실할 때 찾아온다. 초심을 상실했다는 것은 교만이 싹트기 시작했다는 것이기도 하다. 마음의 열정이 식기 시작했다는 것이다. 겸손히 배우려는 마음을 상실해 가고 있다는 것이다.

*Reading

초심을 잃지 않기 위해서 우리는 정기적으로 마음을 관찰해야 합니다. 초심과 얼마나 거리가 떨어져 있는지 초심을 상실하지는 않았는지 관찰해보아야 합니다. 초심은 사랑과 같아서 날마다 가꾸어야 합니다.
사랑은 전등이 아니라 촛불과 같습니다. 전등은 가꾸지 않아도 되지만 촛불은 가꾸지 않으면 쉽게 꺼지고 맙니다.

1%의 행복

사람들이 자꾸 묻는다. 행복하냐고?

저울에 행복을 달면 불행과 행복이 반반이면 저울이 움직이지 않지만 불행 49% 행복 51%면 저울이 행복 쪽으로 기우는 건 당연하다.

행복의 조건엔 이처럼 많은 것이 필요 없다. 우리 삶에서 단 1%만 더 가지면 행복한 것이다. 어느 상품명처럼 2%가 부족하면 그건 엄청난 기울기로 표현된다.

아마 그 이름을 지은 사람은 인생에서 2%라는 수치가 얼마나 큰지를 너무나 잘 아는 사람인 게 틀림없다. 때로는 나도 모르게 1%가 빠져나가 불행하다 느낄 때가 있다.

더 많은 수치가 쌓이고 불행으로 기울기 전에 약간의 좋은 것이라도 얼른 채워 넣어 다시 행복의 무게를 늘리는 것이 필요하다. 약간 좋은 1%는 우리 삶에서 아무것도 아닌 아주 소소한 것처럼 느낄 수도 있지만, 이는 불행과 행복의 저울추를 바꾸는 대단한 것이다.

기도할 때의 평화로움, 따뜻한 아랫목, 친구의 편지, 감미로운 음악, 숲과 하늘과 안개와 별, 그리고 잔잔한 그리움까지 팽팽한 무게 싸움에서는 아주 미미한 무게라도 한쪽으로 기울기 마련인 것이 자연의 섭리다.

단 1%가 우리를 행복하게 또 불행하게 합니다. 나는 오늘 그 1%를 행복의 저울 쪽에 올려놓았습니다.

그래서 행복하냐는 질문에 웃으며 대답했습니다.

행복하다고.

모든 선택에는 반드시 끌림이 있다

- 첫 만남(Starting Relationship)

좋은 인상을 유지하려면 첫인상이 아무리 좋았더라도 부정적인 정보를 접하면 쉽게 나쁜 쪽으로 바뀔 수 있다는 점을 명심해야 한다. 열 번 잘하다가도 한 번 잘못하면 나쁜 이미지로 낙인찍힘을 잊지 말아야 한다.

신은 마음을, 사람은 겉모습을 먼저 본다고 한다. 옷차림은 우리를 바라보는 사람에 대한 평가뿐 아니라 우리 자신의 태도에까지 영향을 미친다. 다른 사람의 마음을 끄는 사람은 때와 장소에 어울리는 옷차림을 할 줄 알아야 한다. 겉모습 때문에 내면을 보여줄 수 있는 기회를 놓친다면 그건 너무나 아쉬운 일이 될 것이다. 문밖에 발을 내딛는 순간부터 우리의 옷차림은 다른 사람에게 엄청난 양의 정보를 제공하게 된다는 사실을 명심하자.

자주 보면 정이 들고 만나다 보면 좋아지는 것은 인지상정이다. 가까이서 자주 만날수록 호감도가 커지는 것은 보편적인 현상인 것이다. 따라서 좋은 관계를 유지하려면 간간이 안부를 묻고, 만나기가 어렵다면 책이나 신문 등 상대가 흥미를 느낄 만한 내용을 메일로 보내는 등 지속적인 노력이 필요하다.

칭찬 방법을 바꾸면 관계가 달라진다. 좋은 말도 자주 듣다 보면 식상하듯이 칭찬도 반복되면 그 효과가 급격히 줄어들 수 있다. 즉, 신빙성이 떨어져 그 사람의 말을 신뢰하지 않게 된다. 부정적인 말을 했다면 반드시 칭찬이나 격려의 말로 마무리를 해라.

*Reading

언제나 시작보다는 끝이 중요합니다. 칭찬은 구체적으로 하는 것이 좋습니다. 또한 면전에서 칭찬하는 것보다 제삼자에게 칭찬하는 것이 더 효과적인 경우가 많습니다. 다른 사람을 통해 듣는 칭찬은 인정받고 싶은 욕구와 자랑하고 싶은 욕구 두 가지를 모두 충족시킬 수 있습니다. 그뿐만 아니라 칭찬을 전해듣게 되면 두 명에게서 칭찬을 받는 셈이 되기 때문에 면전의 칭찬보다 몇 배의 효과를 발휘할 수 있습니다.

안중근 의사

1909년 10월 26일 하얼빈 역에서 이토 히로부미를 처단한 안 의사는 여순감옥으로 이송돼 재판을 받았는데, 이듬해 2월 14일 사형선고를 받고 3월 26일 오전 10시 15분 사형장에서 최후를 맞았다. 그때 안 의사의 나이 31세였다.

안 의사가 순국한 그날은 온종일 비가 내렸다. 영웅의 마지막 가는 길에 하늘도 무심하지 않았던 모양이다. 순국 전날 안 의사는 감옥으로 찾아온 정근, 공근 두 동생에게 다음과 같은 '유언'을 남겼다. "내가 죽은 뒤에 나의 뼈를 하얼빈 공원 곁에 묻어 두었다가, 우리 국권이 회복되거든 고국으로 반장(返葬)해 다오. 나는 천국에 가서도 또한 마땅히 우리나라의 회복을 위해 힘쓸 것이다. 너희는 돌아가서 동포들에게 각각 모두 나라의 책임을 지고 국민 된 의무를 다하여, 마음을 같이하고 힘을 합하여 공로를 세우고 업을 이루도록 일러다오. 대한독립의 소리가 천국에 들려오면, 나는 마땅히 춤추며 만세를 부를 것이다."

*Reading

정녕 안 의사는 조국이 독립되거든 자신의 유해를 조국으로 옮겨 장례를 치러 달라고 유언하였습니다. 그러나 우리는 조국이 독립된 지 60여 년, 안 의사가 순국한 지 100년이 넘도록 그 유언을 이행하지 못하고 있습니다. 참으로 못난 후손들이 아닐 수 없습니다.

남에게 받고 싶은 대로 주어라.

　남에게 받고 싶은 대로 주어라.

　거꾸로 말하면 남이 당신에게 하지 않았으면 하는 일은 당신도 하지 마라. 이 것은 이미 우리에게 익숙하고 간단해 보이는 단계지만 그 가치는 어마어마하다. 이러한 마음가짐으로 산다는 것은 남들의 편에 서주고, 남들의 수호자, 보호자, 대변자가 되는 것을 의미한다.

　나치의 독재에 항거한 개신교 지도자 마틴 니에몰러는 그 소중한 진리를 깨달 았다. 니에몰러는 전후세대의 청중에게 이렇게 말했다.

"나치가 공산주의자를 탄압할 때 나는 공산주의자가 아니었기 때문에 나서지 않았습니다. 그리고 그들이 유대인을 탄압할 때 나는 유대인이 아니었기 때문에 나서지 않았습니다. 그다음 그들이 노동조합을 탄압할 때 나는 노조원이 아니 었기 때문에 나서지 않았습니다. 그다음 그들이 가톨릭을 탄압했고 나는 개신 교 신자였습니다. 그래서 나서지 않았습니다. 그다음 그들은 나를 탄압했고······ 그 즈음엔 다른 사람을 위해 나서주는 사람이 없었습니다."

　그렇다. 남에게 받고 싶은 대로 남에게 주어라. 모든 사람에게서, 모든 상황에 서 끊임없이 좋은 점을 찾아라. 가족과 친구, 직장동료를 대할 때 그들의 결점을 보지 말고 좋은 점을 찾아라. 흉을 잡거나 비난하거나 복수하기보다는 도움을 주고 칭찬하고 용기를 주어야 한다.

예를 들어 자신의 행복을 찾는 가장 확실한 방법은 일상의 작은 일들에서 다른 사람들이 행복하도록 모든 생각과 에너지와 활동을 바치는 것입니다.

오로지 자기 입장에서만 생각하고 자신이 하는 일이나 하지 않는 일, 말하거나 말하지 않는 것에 대한 남들의 반응에 무관심하다면, 당신은 불행이나 비참의 구렁텅이로 자신을 스스로 밀어 넣는 것입니다.

표현하는 사랑이 아름답습니다.

사랑한다고 말해보자.

말하지 않는다면 누구도 당신의 마음을 알지 못할지도 모른다. 사랑한다고 말하지도 않고, 당신은 누구도 당신의 마음을 알지 못한다고 투정할 것이다. 때론 사랑한다고 표현하는 것이 용기다. 아주 깊이 표현하여 사랑하는 마음을 확실히 전달하자.

사랑하는 마음을 표현하지도 않고, 당신은 누구도 당신의 사랑을 느끼지 못한다고 근심할 것이다. 무엇을 의식할 필요도, 누구를 경계할 필요도 없다. 사랑은 아름다운 것이기에 아름답게 표현하면 되는 것이다.

*Reading

진심으로 사랑한다고 말합시다.
말하는 사람만이 사랑을 얻을 수 있습니다. 사랑한다고 표현합시다. 표현하는 사람이 아름다운 사랑을 이룰 수 있습니다. 산다는 것은 아름다운 일, 말하고 표현하는 사랑이 아름답습니다.

노벨의 충격

다이너마이트를 발명한 알프레트 노벨은 엄청난 돈과 명성을 함께 얻었다.

어느 날 그는 조간신문을 보다가 깜짝 놀랐다. 신문의 1면에서 '알프레트 노벨 사망'이라는 큼직한 제목과 함께 '죽음의 사업가', '파괴의 발명가' 등의 굵은 활자들이 눈에 확 들어오는 것이었다.

어느 기자가 동명이인의 죽음을 착각한 데서 비롯된 오보였지만, 노벨 자신에게는 크나큰 충격이었다. 이는 발명의 기쁨과 공명심에 들떠서 이제껏 깊이 생각하지 못했던 다이너마이트의 부정적 기능에 대해 반성하는 계기가 되었다.

그는 '죽음의 사업가'니, '파괴의 발명가'니 하는 이름을 세상에 남기고 싶지는 않았다. 그래서 그동안 다이너마이트로 벌어들인 자신의 막대한 재산을 들여 평화와 번영을 목적으로 하는 노벨상을 만들었다.

여러분은 훗날 자신의 이름 뒤에 어떤 평가가 내려질까 하는 생각을 해 본 적이 있습니까? 자신의 이름은 곧 자신의 얼굴이며 인격이기도 하다. 살아 있었던 동안의 행적에 대한 온갖 비평이 그 이름 위에 얹혀지게 될 것이다.

"아까운 사람이야!" "잘 죽었어." 혹은 "위대한 인물이 사망했습니다." 등등과 같이 말이다.

*Reading

그러면 나는 과연 부끄럼 없는 삶을 살고 있는가, 지금 나의 삶은 다른 사람에게 어떻게 비치고 있을까, 그리고 훗날 나의 이름은 어떻게 기억될 것인가를 각자 생각해 봅시다.

오드리 헵번의 유언

"아름다운 입술을 갖고 싶으면 친절한 말을 하라.

사랑스러운 눈을 갖고 싶으면 사람들에게서 좋은 점을 보아라.

날씬한 몸매를 갖고 싶으면 너의 음식을 배고픈 사람과 나누라.

아름다운 머리카락을 갖고 싶으면 하루에 한 번,

어린이가 손가락으로 너의 머리를 쓰다듬게 하라.

아름다운 자세를 갖고 싶으면

결코 너 자신이 혼자 걷고 있지 않음을 명심해서 걸어라.

사람들은 상처로부터 치유되어야 하며

낡은 것으로부터 새로워져야 하고 병으로부터 회복되어야 하고

무지함으로부터 교화되어야 하며 고통으로부터 구원받고

또 구원받아야 한다.

결코, 누구도 버려서는 안 된다."

오드리 헵번이 죽기 1년 전인 1992년 크리스마스 이브에 아들에게 들려준 시이다. 오드리 헵번(Audrey Hepburn 1929년 5월 4일~1993년 1월 20일)은 로마의 휴일, 사브리나, 샤레이드, 마이 페어 레이디, 전쟁과 평화 등에 출연했던 배우이자 모델이다.

오드리 헵번을 「로마의 휴일」에 나온 예쁜 여배우로만 기억하는 사람들이 많

겠지만, 그 밖에도 그녀가 얼마나 많은 영화 속에 등장하여 얼마나 많은 사람에게 기쁨과 즐거움과 행복을 주었는지, 그리고 영화배우로서의 인생 이후에는 유니세프 대사로 활동하면서 얼마나 많은 소외된 어린이와 시간을 보냈는지 아는 사람은 그리 많지 않을 것이다.

한편, 스타일에 관심이 있는 사람이라면, 그녀가 출연한 영화를 보며 그녀가 입었던 의상이 누구의 것인지, 어떤 신발을 신었고 어떤 가방을 들었으며, 어떻게 스타일을 연출했는지 궁금하기도 할 것이다.

*Reading

기억하라. 만약 네가 도움을 주는 손이 필요하다면 너의 팔 끝에 있는 손을 이용하면 된다. 네가 더 나이가 들면 손이 두 개라는 것을 발견하게 될 것이다.
한 손은 너 자신을 돕는 손이고, 다른 한 손은 다른 사람을 돕는 손이다.

자신감 있는 사람이 더 많이 웃는다.

웃음은 자신감의 표출이다.

아이들이 많이 웃는 것은 세상에 대한 두려움이 없기 때문이라고 한다. 사람은 성장하면서 세상의 모든 것이 만만치 않다는 것을 알게 된다. 그래서 점점 겸손해지면서 웃음도 줄어들게 되는 것이다. 만사가 다 편안한 사람은 웃음이 당연히 많을 수밖에 없다. 걱정이 없기 때문이다.

웃음은 자신감의 표출이다. 자신감이 있는 사람은 자연스럽게 마음이 넓어지고 편안해지기 때문에 상대방에 대한 배려심도 더 많이 생기고 용서하는 마음도 더 커지게 된다. 웃음은 인간관계, 가정생활, 사업을 막론하고 어디서나 통용되는 자신감의 표출이다.

그러한 자신감이 상대방을 움직이게 하는 힘이다. 다시 말해서 웃음이라는 자신감은 상대방에게 신뢰를 주고 그러한 신뢰는 성공을 이끄는 중요한 인자로서 작용하게 된다.

캐나다의 맥길 대학 연구팀에서 2003년 11월에 나온 흥미로운 연구결과가 있다.

자신감이 넘치는 사람은 자신감이 부족한 사람보다 뇌가 20% 정도 크고 학습능력과 기억력이 현저하게 높다. 그래서 늘 긍정적인 사고로 생활하는 사람은 뇌의 기능 저하를 막을 수 있고, 웃으면서 생활하는 사람이 더 장수할 수 있다는 것이다. 동기부여 이론가인 브라이언 트레이시는 성공의 85%는 인간관계로 이루어지며 인간관계는 얼마나 잘 웃느냐에 따라서 결정된다고 주장했다.

지금부터 멋진 웃음을 만들도록 자신을 가다듬어 보자!

하루하루 같은 습관으로 자신의 긍정적 자아를 깨우고 미래를 향하여 전진하는 사람이 되도록 하자. 그것이 바로 성공으로 가는 지름길이다.

자신감을 갖기 위해서는 긍정적 자아로 충만한 자신을 만들어야 한다.

*Reading

자신감을 갖게 되면 웃음이 많아지고 웃음이 많아지면 인간관계가 좋아져서 성공의 길로 가는 선순환 구조를 만들게 되기 때문입니다. 자신감을 갖고 멋지게 웃는 사람이 되어 보도록 합시다.

대리석 천장을 깨다

2006년 가을, 미국 의회의 역사가 새롭게 쓰였다.

미국 역사상 최초의 여성 하원의장이 탄생한 것이다. 미국의 하원의장은 대통령 유고시, 상원의장을 겸임하게 되는 부통령 다음의 승계권자이다. 말하자면 권력서열 3인자이다. 그동안 남성 중심이었던 미 의회에서 하원의장은 '미스터 스피커'로 불렸다. 그러나 이제는 당당하게 '마담 스피커'로 불리는 시대가 온 것이다.

미국 역사상 여성으로서는 처음으로 제110대 하원의장에 오른 66세의 낸시 펠로시 의원은 2007년 1월5일 취임식에서 의장직 수락연설을 마친 뒤 이렇게 외쳤다.

"지금은 의회를 위해서나 미국 여성들을 위해서나 역사적 순간입니다. 무려 200년을 기다려왔던 바로 그 순간입니다. 우리는 우리의 딸과 손녀를 위해 오늘 대리석 천장(marble celling: 대리석으로 치장된 미국 의회에서 여성의 고위직 진출을 막는 분위기를 일컫는 표현)을 깼습니다."

육중한 대리석 장식으로 상징되는 미국 의회의 보수적 분위기도 더 이상 여성의 원내 고위직 진출을 막을 수 없게 되었음을 선언한 것이다. 그녀가 수락 연설을 하는 동안 본 회의장에서는 내내 환호성이 터져 나왔다. 미국의 수많은 여성의 꿈을 대변하는 순간이었기 때문이다.그녀는 남성 중심의 정치권에 들어서며 굳이 남성보다 우월한 여성의 모습을 보여주려 애쓰지 않았다. 대신, 어머니

이자 여성 그대로의 모습을 보여주며 국민에게 다가갔다. 그러자 국민이 그녀의 손을 들어준 것이다. 정치 입문 19년 만에 의회의 수장에 오르며 '대리석 천장을 깬' 낸시 펠로시는 지금 해내는 일이 자신의 뒤를 걸어오는 수많은 여성에게 또 다른 출발의 힘이 되리라 믿는다.

*Reading

"나에게 주어진 이 기회가, 여성도 권력의 최고위직을 무난히 수행할 수 있으며, 어떤 환경도 헤쳐나갈 수 있음을 보여주는, 계기가 되길 바랍니다."
누구든지 포기하지 않고 끝까지 꿈을 버리지 않으면, 언젠가는 '대리석 천장을 깨는 날'이 반드시 오게 됩니다.

아름다운 인생을 위하여

자신의 삶에만 너무 집착하지 말자.
삶 자체에만 지나치게 집착하면 자신을 잃어가기 때문이다. 자신을 믿어야 한
다. 자신감이 힘이다. 자신은 이 세상에 하나뿐인 존재라는 사실이다. 자기만이
할 수 있는 일이 있다. 긍정적이고 적극적인 사고를 하자. 인생을 자신의 것으로
만들고 사랑을 자신의 것으로 만들어 나가자. 참다운 나로 살아가는 용기와
지혜를 갖자. 나만이 할 수 있는 일을 찾아 열심히 노력하며 체면을 벗어던지고
눈치를 보지 말고 내 길을 가면 되는 것이다. 인간적인 자신의 삶을 당당하게 영
위하자. 삶을 배우기 위해서는 슬픔이 필요할 수도 있다. 삶을 배우기 위해서는
고통이 필요할 수도 있다. 삶을 배우기 위해서는 좌절이 필요할 수도 있다. 슬픔
도 인생의 일부, 고통도 인생의 일부, 좌절도 인생 일부이다. 슬픔을 가슴에 안
아보자. 고통도 좌절도 가슴에 안아보자. 그리고 지워버리자.

자신을 슬픔으로, 고통으로 그리고 좌절로 구속하지 말아야 한다. 슬픔이나 고통이나 좌절을 마음에 담아두면 안 된다. 기쁨을 빼앗아 가는 것이 슬픔이고 고통이기 때문이다.

좌절은 삶을 어긋나게 하여 인생을 포기하게 하는 암과 같은 존재다. 우리 모두 사랑을 하며 사랑을 주는 데 인색하지 말자. 사랑한다는 것은 생각보다 쉬운 일임을 알아야 한다. 사랑은 간단한데, 우리만 복잡한 것임을 기억하자.

*Reading

가까운 사이일수록 '사랑한다, 고맙다, 수고했다, 미안하다, 괜찮다'라는 말을 자주 사용합시다. 사랑은 이웃과 기쁨을 나누는 일입니다. 기쁨을 나누는 삶은 얼마나 아름답고 축복받을 일입니까? 기쁨을 나누며 일하고 사랑을 나누며 사는 인생이라면 얼마나 멋진 인생입니까!

이룰 수 있기 때문에 목표가 존재한다.

　누구나 첫술에 배부를 수는 없다.

　하나씩 성취해 가다 보면 멀게만 느껴졌던 목표는 한 걸음씩 다가온다. 나의 소화 능력을 생각하고 밥을 먹어야지, 괜히 주위를 의식하고 급하게 먹는 밥은 체하기가 쉽다. 남들이 밥을 거의 다 먹었다고 해서, 뒤늦게 먹는 내가 씹지 않고 먹다가는 체하거나 배탈만 날 뿐이다. 바쁠수록 천천히, 그리고 침착하게 행하라. 꾸준히 뛰어야만 마라톤의 결승 테이프를 끊을 수 있다. 결국 목표는 이루기 위해 존재하는 것이다. 가끔 우리는 한꺼번에 모든 것을 해결하려는 욕심 때문에 더 이상 발전하지 못하는 경우가 있다. 그리고 그런 욕심에 얽매여 자신을 구속하고 집착에서 벗어나지 못해 허덕이게 되는 것이다. 눈은 최종 목표에 고정되어 있는데 발길이 떨어지지 않는다면, 미루어 왔던 전화를 걸거나, 감사의 편지를 보내거나, 인터넷에 들어가 정보를 검색하라. 성급하게 자신을 내몰지 말고, 가볍게 준비운동을 하듯이 마음부터 다잡는 것이 중요하다. 무리한 욕심에 자신을 가두려 하지 말고, 작은 것부터 꾸준히 실천하라. 그러한 작은 실천 속에서 자신이 미처 몰랐던 정보를 만날 수 있고, 그로 인해 다시 목표를 향해 전진할 수 있다. 인생을 참으로 신나고 멋지게 살기 위해서는 여러 가지 일들을 끊임없이 시도하는 것이 중요하다. 시도해 보기 전에는 자신이 어느 방면에 재능이 있는지, 혹은 성공할 수 있는지 아무도 알 수 없지 않은가?

*Reading

'난 이것은 정말 할 수 없어'라고 미리 단정해 버리기 전에, 당신이 그 일에 대하여 진정한 목표를 세우고 실행해 보았는지 돌아보십시오. 이 세상에서 가장 상대하기 어려운 사람은 해 보지도 않고 안 된다고 하는 사람입니다.

준비된 자에게 기회가 온다

최대한 겸손하게 자세를 낮추고 밑바닥부터 시작한다.

그는 명문대학을 나온 수재도 아니고 부유한 가정이나 재벌 2세로 태어나지 않았다. 하지만 그는 성공하였고 이제는 대한민국, 아시아를 대표한다. 그것도 가장 정직하게 어떠한 도움 없이 오로지 몸 하나로 이루었다. 그는 국내 프로구단에서 받아주는 곳이 없어 어렵게 일본 프로축구 2부 리그로 간다. 결국 팀을 우승으로 이끈 후 그는 영웅이 되어 가고 2002년 한일월드컵 당시 히딩크와의 인연으로 꽃을 피운다.

한 편의 드라마 같은 인생을 살아온 그다. 금욕적인 생활과 오로지 한 가지 목표에만 집중한다. 그는 감옥 같은 영국 생활을 하고 있다고 한다. 팔팔한 나이에 그런 금욕적인 생활을 하기가 쉽지 않을 것이다. 이는 투철한 목표의식이 있기 때문이다. 오로지 한 가지 일에만 집중하고 목표를 달성하는 데 매진하는 노력의 결과로 볼 수 있다. 한순간의 욕정을 억누르지 못하고 실수하여 비굴한 삶을 살아가는 스타들 또한 많다.

그는 자신의 단점을 보완할 수 있는 사람을 적절히 활용한다. 맨유에서 팀플레이의 상징으로 여겨진다. 호나우두와 루니에게 어시스트를 하는 게 그의 가장 큰 장점이자 박지성의 효과이다. 이는 개인기와 골 결정력이 상대적으로 떨어지기 때문에 상대방에게 도움을 주어서 자신의 가치를 최대한 높이는 현명한 판단력을 지녔다.

박지성에게서 찾을 수 있는 리더십이다. 박지성은 아직도 도전하고 있다. 박지성은 말한다.

"나는 힘이 센 강자도 아니고, 그렇다고 두뇌가 뛰어난 천재도 아닙니다. 날마다 새롭게 변했을 뿐입니다. 그것이 나의 성공 비결입니다."

*Reading

훈련이 계속되고 몸이 피곤해지면 '하루쯤 쉬면 안 될까?' 하는 생각이 들곤 합니다. 하지만 하루를 쉬면 그만큼 다음날 해야 하는 훈련 양이 많아집니다. 미리 준비하지 않으면 기회는 다가오지 않는 법이죠. 그것이 내가 하루도 쉴 수 없는 이유입니다. 언젠가는 그들도 한 번쯤 쉴 것이고 그때 내가 쉬지 않고 나아간다면 차이는 조금이라도 줄어들 것입니다. 중요한 것은 내가 쉬지 않고 뛰고 있다는 것이지 그들이 내 앞에 있다는 사실이 아닙니다.

Change의 g를 c로 바꿔라.

'Change(변화)'에서 g를 c로 바꿔보라.

'Chance(기회)'가 되지 않는가? 변화 속에 반드시 기회가 숨어 있다. 변화보다는 안정을 추구하는 것이 인간의 본성이다. 그러나 현실에 안주해서는 새로운 기회를 찾기 어렵다.

따라서 인간 본성을 거슬러, 변화를 잘하는 사람과 변화를 즐기는 기업이 경쟁력이 더 있고 성공할 확률도 그만큼 높다.

*Reading

"저는 제 개인의 경쟁력을 평가하는 수단으로 '나는 변화를 잘하는 사람인지'와 '다른 사람들이 나를 변화를 즐기는 사람이라 평가하는지', 이 두 가지 척도를 활용합니다."

(빌 게이츠 마이크로소프트 회장)

심리학, 서사적 말하기

제6장

생활 리더십

세상을 바꾸는 생활 리더십

생활 리더십이란, 일상생활 그 자체에서부터 리더로서의 역할을 감당하는 것을 말한다.

우리가 살아가면서 남에게 인정을 받는 일은 절대 쉽지 않다. 생활은 무심코 지나쳐 버릴 수 있는 일들로 가득하다. 그러나 리더라면 가족을 인정해주는 일, 인격을 갖추는 일, 지식과 정보를 습득하는 일, 주변 사람 경조사를 챙겨주는 일, 남을 칭찬하고 배려하는 일, 밝고 분명한 언어생활로 남들보다 앞서가는 일, 웃는 얼굴로 미소를 만드는 일을 무심코 지나치지 않는다. 그것이 진정한 리더이기 때문이다.

남이 내게 무엇을 해주기를 바라기보다 내가 먼저 남에게 해줄 수 있는, 멋진 생활 속의 리더가 되어라.

TIP

생활 속에서부터 노력하라.
노력하는 자만이 진정한 리더가 된다. 나만의 생활습관 표를 만들고 그대로 실행하라. 항상 자기반성의 시간을 갖고 부단한 실천과 행동을 반복하라.

술자리의 시너지 효과

우리가 세상을 살다 보면 크고 작은 술자리에 자연스럽게 참여하게 된다.

요즈음은 하루가 다르게 세상이 변하고 있다. 모두 바쁜 일상생활 때문에 만남이 쉽지 않다. 사람들은 술자리를 통해 자연스럽게 자신을 알리고 어떤 문제에 대해 토론하기도 한다.

술자리에서는 다양한 정보를 서로 교환하고 자신의 생각이나 의견을 자연스럽고도 강하게 표현할 수 있다. 술자리를 통해 친근감을 표시하고 상대방과의 거리를 좁히는 것이야말로 리더십을 발휘하는 데 더없이 좋은 방법이다.

상대에게 유머를 선사하고 정보도 줄 수 있는 앞서가는 사람이 되자.

TIP

술자리에서 상대방을 리드하기 위해서는 좋은 지식과 정보가 많아야 한다. 항상 공부하라. 날마다 새로워지는 정보에 대해 누구보다 먼저 접하고, 먼저 말하며 들려 줘라.

자연스럽게 리더가 될 그날을 위해…….

낮출수록 커지는 겸손의 지혜

　겸손의 힘은 위대하다. 자기 자신을 통제하고 다스릴 수 있도록 하는 중요한 힘이기 때문이다.

　러시아의 시인 톨스토이는 겸손한 사람은 모든 사람에게서 호감을 살 수 있다고 말했다. 그만큼 사람들은 겸손한 사람에게 높은 점수를 준다는 것이다. 물론 너무 지나친 겸손은 오히려 독이 될 수도 있다.

　특히 요즈음은 말과 행동에 관한 표현력이 적절하게 잘 이루어지도록 하는
조화 능력이 그 어느 때보다 필요하다. 때와 장소 일과 사랑 속에서 겸손은 분명
히 필요하다.

　자신에 대해 먼저 생각하라.

　격언에도 겸손한 자는 남을 비판하지 아니하며 또한 비판하는 소리 역시 듣기
를 좋아하지 않는다는 말이 있다.

칭찬에도 전략이 있다

다른 사람과의 대화에서 대화의 처음이나 중간에 상대방의 좋은 점을 발견하고 생각해서 칭찬을 한다. 다만, 속이 빤히 들여다보이는 인사치레 정도의 칭찬은 하지 않는 것이 좋다. 칭찬은 부모와 자식, 동료 사이, 주인과 손님 사이에서도 반드시 필요하다.

한 번의 확실한 칭찬은 상대방의 기분을 좋게 만든다. 그리고 대화에서 신뢰감이 형성되도록 한다. 특히 상대방이 신경 쓰는 것에 대해 칭찬하면 좋다.

TIP

칭찬은 고래도 춤추게 한다는 말이 있다.
우선 가족부터 칭찬을 시작하라. 아내와 남편, 자녀와의 대화에서 칭찬을 시작하
라. 자연스럽게 몸에 밸 때까지 하다 보면 직장에서도 사회에서도 자연스럽게 칭찬
을 하게 되고, 지금보다 더욱 존경받는 사람이 될 것이다.

심리학, 서사적 말하기

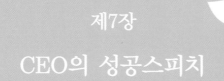

제7장

CEO의 성공스피치

성공하는 CEO는 자기표현에 강하다

시대의 흐름을 제대로 읽을 줄 아는 비전 제시형 CEO가 성공한 CEO라는 조사결과가 있다.

요즈음 사람들은 확실한 보장을 원한다. 이 때문에 리더는 확실한 비전을 제시해 임직원에게 꿈과 희망을 줄 수 있어야 한다.

이 시대가 요구하는 리더는 비전 제시형 리더, 변혁적 리더, 권한 위임형 리더, 섬김의 리더, 카리스마의 리더다.

TIP

매사에 봉사나 사회활동에 초점을 두어라.
직원들을 수시로 격려하고 사회에 헌신하는 자세를 가져라. 말단직원과도 허물없이 대화할 수 있는 습관을 가져라.

시대가 요구하는 리더

어느 가정, 어느 조직이나 리더는 반드시 존재한다. 그리고 리더에 의해 행복과 사랑, 불행, 성공과 실패가 좌우된다. 리더라면 배려심이 있어야 하고 조직원을 칭찬할 수 있는 넓은 마음을 가지고 있어야 하며 조직원들의 비전을 제시해 줄 수 있어야 한다.

자신의 모든 생활 속에서부터 리더의 역할을 충실히 하라. 기념일과 경조사를 챙겨라. 리더가 되기 위해서는 남이 하지 않는 많은 고민을 해야 한다. 그리고 누구보다도 꼼꼼하게 조직원을 챙길 수 있어야 한다.

의사가 아픈 환자를 따뜻하게 보살피듯 주변 사람들을 대해보라. 그러면 진정한 리더가 될 수 있다. 특히 리더의 스피치는 여유가 있어야 하고 자신의 내적 이미지, 외적 이미지를 제대로 보여줄 수 있어야 한다.

성공한 리더들의 특징은 손에서 책을 놓지 않는다는 것과 칭찬과 배려가 있는 것이다.

TIP

늘 책을 가까이하라.
많이 읽고 많이 생각하고 무엇을 어떻게 할 것인지를 정하라. 또한 어떻게 변화할 것인가에 대해 고민하라. 꿈과 비전을 갖고 사소한 것에서부터 리더로서의 역할을 충실히 하라.

카리스마의 힘

요즈음 시대는 따뜻한 카리스마를 가진 사람을 필요로 한다.

우선 자신을 먼저 개방하라. 자신을 먼저 개방하는 것이 다른 이들을 받아들이는 지름길이다.

상대방을 배려할 줄 알아야 한다. 상대방을 존중하는 것이 가장 중요하다. 모든 일에 목숨을 걸어라. 그만한 신뢰와 믿음을 가지고 보여주는 것은 최대의 자산이 된다.

가슴에서 우러나오는 언어로 말을 해라.

'No'라고 말할 줄 아는 사람이 되어야 한다. 물론 상대에게 상처를 주는 No는 필요 없다. 수락한 듯하면서도 거절하는 방법을 사용해라.

여유 있게 품어줄 수 있는 사람이 되어라. 가끔은 여유 속에서 나 자신을 발견할 수 있다.

만남의 축복을 사모하라. 숨은 보물을 다루는 것처럼 모든 사람과의 만남을 축복으로 여겨라.

미래를 제시할 수 있는 리더가 되어라. 비전의 제시는 카리스마의 핵심이다.

TIP

우선 주변에 있는 가족부터 시작하라.
소중하게 생각하고 적극적으로 대화하고 배려하는 습관을 가져야 한다. 몸에 밸 때까지 꾸준하게 하다 보면 사회생활에서도 따뜻한 카리스마가 생긴다.

경청은 경영의 기본이다.

부하 직원의 말을 잘 들어주어야 한다.

성공하는 리더를 보면 편안한 얼굴로 경청하는 기법이 있다. 거기에다 메모하는 CEO는 얼마나 존경을 받겠는가 생각해보라. 사람들은 보통 1분에 120단어를 말하고 600단어를 듣는다고 한다.

산술적으로 그 이외의 시간에는 딴생각을 하게 된다. 이 짧은 순간에 상대방의 말뿐 아니라 감정이나 태도 등에 집중하는 자만이 경청의 마법을 직접 체험할 수 있다. 경청은 인간관계 경영의 기본이다.

삼성그룹의 고 이병철 회장이 이건희 회장에게 그리고 이재용 부사장에게 대대로 물려준 휘호가 바로 경청이었다. 잘난 순서대로 말하는 것이 아니라 바로 잘난 순서대로 듣는다는 것이다.

작은 선물이 큰 감동을 준다.

선물을 받고 기분 나빠할 사람은 아무도 없다.

선물을 하려면 좀 더 많은 관심이 필요하다. 평상시에 대화를 나누면서 취향을 알아보고 선물을 하면 더욱 빛을 발하게 된다. 선물은 가격이 중요한 게 아니라 원하는 선물을 줘야 큰 감동을 줄 수 있다.

성공하는 리더는 대게 '선물쟁이'다. 사람과 인연을 맺을 때 작은 선물을 준비한다. 그것이 자신과 상대의 물길을 터주는 마음길이 된다는 사실을 본능적으로 체득해야 한다.

눈물 젖은 빵 이야기가 큰 감동을 준다.

　눈물 젖은 빵을 먹어보지 않는 사람과는 인생을 논하지 마라.
　성공담보다는 실패담이 공감을 일으킨다. 상대로 하여금 연민의 정을 마음껏 즐겁게 누리게 하라. 그럴수록 주변에는 많은 사람이 모일 것이다. 눈물 젖은 빵을 먹었고 도시락을 못 싸가서 점심때면 수돗물로 배를 채웠다는 이야기, 비 오는 날 정류장에서 눈이 빠지게 애인을 기다렸지만 바람맞았다는 이야기를 들을 때 사람들은 연민의 정을 느끼게 된다.
　고난과 역경 이야기는 현대판 영웅담이 된다.

심리학, 서사적 말하기

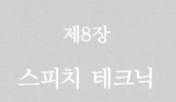

제8장

스피치 테크닉

토론할 때는
먼저 말하자

    토론은 상대방이 말한 후에 그것을 받아치는 것이 아니라 처음부터 자신의 소신을 거침없이 밀고 나가는 게 좋다. 그래야 긴장감도 풀린다.

    토론에서는 수비만 하면 이기지 못한다. 상대를 공격하지 않으면 토론은 진다. 토론할 때는 선수를 쳐서 가장 먼저 말하고 주도권을 잡아 정신적으로 우위에 있는 것이 유리하다. 다만 철저한 조사와 공부를 통해 해박한 지식으로 무장하고 연습해야 이길 수 있다.

상대방의 입장에서
말하는 협상

    텍사스대학교의 린 밀러(Lynn Miller) 박사는 상대방의 입장에서 생각하는 사람은 상대방의 이야기를 잘 들어준다고 설명했다. 상대방의 입장에서 생각하는 사람은 그만큼 공감대 형성을 잘한다는 뜻이다.

    밀러 박사는 상대방의 입장에 서는 것을 'Perspective Taking'이라 불렀다. 해석하면 '시점획득'이다. 상대방의 시점을 자신의 시점으로 받아들여서 사물을 이해하는 것이다.

    협상을 할 때나 부탁을 할 때는 자기입장이 아니라 상대방의 입장을 먼저 생각하자.

협상의 법칙을 알자

평상시에 밝은 모습을 보여주면 중요한 순간에 도움이 된다. 사람들은 밝게 행동하는 사람의 의견을 잘 받아준다.

평소에 인간관계를 잘 맺어라. 매력이 있는 사람의 의견은 잘 받아준다. 진심 어린 사과는 좋은 인상을 남겨 협상할 때 유리하다. 진심으로 존경할 수 있는 사람이 진정한 인맥이다.

돈을 써야 할 때 기분 좋게 쓰는 사람은 누구에게나 좋은 인상을 준다. 대인관계가 좋은 사람이 되려면 대인관계가 좋은 사람을 만나라.

유권자의 마음을 움직여라

공직선거에 출마하는 사람은 자신의 표현 능력에 따라 유권자를 내 편으로 만들 수도 있고 상대편으로 만들 수도 있다.

출마자라면 언제나 활기차고 밝은 목소리로 분명한 언어를 구사할 수 있어야 한다. 그리고 미소와 정성, 진심 어린 표정을 가지고 있어야 한다. 또한, 먼저 인사하고 먼저 악수를 청하라. 따뜻한 이미지를 만들어 자신만의 독특한 이미지를 창출하라.

인사를 잘하는 사람이 되어라. 그리고 미소를 지어라.

TIP

공직선거나 일반선거 출마자라면 우선 인격을 갖추기 위해 노력해야 한다. 가정에서 가족이 보는 가운데 충분한 연습을 한 후 남들 앞에 당당히 나서라.
한 사람, 한 사람이 모두 유권자이므로 출마자에게는 더없이 중요한 재산이다.
유세와 토론을 통한 연습은 언제나 실전처럼 해라. 연습이 없이는 당선의 영광도 없다.

소통능력이 뛰어난 인물들이 인생 초반에 많은 실패를 겪은 것은 결코 우연이 아니다.

링컨과 프랭클린 루스벨트가 그런 경우다. 링컨은 사업과 정치에서 거듭하는 실패를 겪었다. 프랭클린 루스벨트 대통령도 눈물 젖은 빵 대열의 선두 그룹에 속한다. 만일 젊은 시절에 소아마비에 걸리지 않았다면 최고의 대통령이 되는 데 필요한 용기와 깊이 있는 사고, 풍부한 감정을 갖지 못했을 거라고 학자들은 말한다.

공감능력은 비포장 인생길을 산전수전 공중전을 겪어가며 통과한 사람만이 얻을 수 있는 능력이다. 선거철이면 우리는 가난한 집 자제라며 홍보하는 정치인을 많이 본다. 가난 마케팅이다. 진정한 고난기 즉, 빵 이야기를 해라. 유권자는 인간미 넘치는 사람으로 받아들인다.

슬픔도 승화시키는 유머의 필요성

삶에 여유가 있을수록 유머 있는 사람의 인기는 높아진다.

리더십은 유머 있는 사람이 발휘하기가 훨씬 더 쉽다. 사람을 끌어들이는 힘을 자연스럽게 갖게 되기 때문이다. 유머 있는 사람을 만나게 되면 재미가 있고, 삶의 활력을 느낄 수 있다.

유머 있는 사람이 되기 위해서는 항상 미소가 있어야 한다. 또 항상 긍정적으로 살고 칭찬을 할 줄 알고, 자기 자신을 믿어야 한다.

세상이 돌아가는 일에 누구보다 앞서 있어야 한다. 책을 읽고, 신문을 읽고, 드라마나 영화를 보라. 그리고 거기에서 얻는 것을 주변의 사랑하는 사람들에게 베풀어라. 유머가 될 수 있는 소재에 대해 모든 감각을 열어두라.

> **TIP**
>
> 언제나 미소 지을 수 있도록 연습을 하고, 칭찬하는 습관을 가져라.
> 책을 읽고, 드라마를 보며 얻는 재미있는 내용을 온전히 자기 것으로 만들어라. 남에게 호감 가는 말을 자주 해보고 사회적인 현상 등을 자기만의 기법으로 말해보라. 사람들은 반전이 있는 말, 특이한 현상을 좋아한다.

입체적인 커뮤니케이션 능력

커뮤니케이션이란 두 사람 이상의 사람 사이에 말이나 글 소리, 몸짓 등 언어 그리고 비언어를 수단으로 의사와 감정, 정보를 전달하고 피드백을 받으면서 상호 작용을 하는 과정을 말한다.

한 취업사이트 조사에 의하면 35.3%가 왕따 직원이 있다고 응답했는데 이들 중 57.8%가 상호 커뮤니케이션이 부족하기 때문이라고 답했다.

주변 사람과 대화를 시작하고 칭찬하고, 경청하고, 토론하라.

커뮤니케이션은 무엇보다 인간관계가 중요하다.

TIP

직장, 기타 사회활동 중 만나는 모든 사람에게 언제나 밝은 모습으로 인사를 먼저 건네 보라. 그리고 유머가 있는 사람이 되어라. 많은 사람과 자주 대화를 해라.

인터뷰

수많은 매체가 등장하면서 인터뷰도 다양하고 많아졌다.

이 시대는 자신을 제대로 알려야 하는 자기광고의 시대다. 홍보가 무엇보다 중요한 시대에 텔레비전 인터뷰는 많은 영향력을 가지고 있다.

인터뷰의 핵심은 자연스러움이다. 카메라를 향해 시선을 집중하는 일보다 질문한 사람을 보며 밝고 분명한 언어를 구사하라. 말의 여유, 동작은 자연스럽게 연출되어야 한다.

> TIP
>
> 미리 문장을 만들어 많은 연습을 해라. 단 한마디의 인터뷰라도 최선을 다하는 것이 성공의 지름길이 된다.

함께 호흡하는 강의 비법

논리적이고 부드럽게 진행되는 강의는 그 효과가 매우 크다.

요즈음 가장 주목받는 강의 스타일은 자연스러운 대화 방식이다. 강사는 누구보다 열정적이고 진취적인 사람이 유리하다. 또 강사에게는 다양한 지식과 훌륭한 인격이 필수 요소다.

강의를 할 때는 혼자보다는 여러 대상, 즉 모든 사람과 같이 호흡하는 것이 좋다. 시선을 골고루 마주치며 모든 사람에게 부드러운 인상으로 말하되 가끔은 강한 인상을 심어줘도 좋다.

강의를 시작할 때나 강의 중간에는 적당한 유머나 사회적인 현상들을 짚어보는 것도 강의의 지루함을 없애는 좋은 방법이 된다.

> **TIP**
>
> 강의할 내용을 미리 충분히 숙지하라.
> 강의할 시간을 체크하며 연습하라. 시선 배치연습, 좋은 인상 만들기 연습, 말을 이어가는 연습, 글씨를 쓰는 연습 등 강의에 필요한 동작들을 몸에 뱀 때까지 매일 3개월 이상 연습하라.

직장생활에서의 스피치 포인트

직장생활에서는 표현력도 매우 중요한 시대가 되었다.

직장생활 하는 데 있어 인사와 같은 표현은 항상 내가 먼저 해야 한다는 자세를 갖는 것이 좋다. 남이 하기 전에 먼저 하는 습관을 길러라. 직장에서의 화기애애한 분위기를 만드는 것은 인사에 있다.

밝고 상냥하며 예쁜 목소리, 미소가 있는 얼굴, 내가 먼저 양보하려고 하는 배려의 마음, 상대를 존중하고 칭찬하는 문화, 이런 것들이 기본이 될 수 있도록 항상 연습하라.

직장생활에서 리더십이 필요하다면 생활 리더십이 무엇인지 먼저 생각하라.

"안녕하세요? 좋은 아침입니다." / "얼굴색이 안 좋아 보이네요? 어디 아프신가요?" / "좀 쉬어야 할 거 같아요." / "헤어스타일이 바뀌셨군요? 무척 예뻐요." / "즐거운 주말 보내세요."

이런 인사와 배려만으로도 자신의 가치는 높아지고 직장 분위기는 밝아진다.

> TIP
>
> 우선 거울을 보고 인사하는 법부터 연습하라.
> 나만의 미소 라인을 만들어 상대방에게 인사하고 말하는 습관을 길러라.

준비하면 달라지는 면접 노하우

경기가 어렵다 보니 직장을 구하는 취업은 하늘의 별 따기 만큼 어려운 시대가 되었다. 그리고 면접은 그 어느 때보다 중요해졌다. 아무리 다양한 지식을 갖고 있더라도 오늘날에 맞게 논리적으로 접목시킬 줄 알아야 하고 그만큼 인격도 갖추어야 이 사회가 요구하는 인재가 될 수 있다.

좋은 인상과 매너, 밝고 분명한 언어, 의상 등 그 어느 것 하나도 면접에서는 중요하지 않은 게 없다.

면접 전 기업의 정보를 충분히 숙지하고 지원 동기 및 현 사회 분위기를 미리 파악하는 일은 그야말로 면접의 기본이다. 또한 면접자들은 평소 일반상식에 대해서도 많은 공부를 해둬야만 한다. 그리고 자신을 남과 다르게 차별화하도록 항상 노력하고 있음을 보여줘야 한다. 예상 질문 리스트를 만들어라. 면접관이 무엇을 요구하는지 정확하게 인지하고 철저한 대비를 해야 한다.

"자신을 소개해보십시오."라는 질문은 인사담당자들이 가장 먼저 혹은 가장 많이 하는 질문이다. '언제 어디에서 태어나 어느 학교를 졸업하고' 같은 평범한 내용, 평범한 답변보다는 자신을 멋지게 표현할 수 있는 인상적인 답변을 준비하라.

침착한 태도로 솔직하면서도 능숙하게 말하라. 간단하고 명료하게 말하라. 또박또박 밝은 목소리로 말하라.

자신을 간단하게 소개해보십시오.

자신의 장점과 단점에 대해 말해보세요.

자신에게 가장 큰 영향을 준 사람이 있습니까?

가장 존경하는 사람은 누구입니까?

봉사활동은 어디에서 어떤 봉사활동을 했습니까?

대학시절 전공 외에 관심을 둔 분야는 어떤 것입니까?

활용 가능한 컴퓨터 프로그램은 무엇입니까?

직장은 어떤 곳이라고 생각합니까?

많은 회사가 있는데 우리 회사를 택한 이유는 무엇입니까?

만일 영업부에 배치된다면 어떻게 하시겠습니까?

상사가 납득하기 힘든 지시를 하면 어떻게 하시겠습니까?

자신의 꿈에 대해 말해보세요.

TIP

항상 밝고 건강한 모습을 가질 수 있도록 준비하라.

거울이나 주변 사람들 앞에서 실제처럼 연습하라. 간결하고 핵심적인 내용으로 예상 질문에 대한 답변을 준비해보라. 언제나 실제처럼 연습하라.

성공하는 프레젠테이션

요즈음은 새로운 정보들이 넘쳐나는 그야말로 정보화시대다.

오늘이 다르고 내일이 다르다. 따라서 그때그때 새로운 정보를 전달하기 위해서는 프레젠테이션이 무엇보다 중요하다. 프레젠테이션은 짧은 시간 안에 완벽하게 진행해야 하기 때문에 미리 리허설을 하는 등 철저한 준비와 연습이 필요하다.

자신만의 기법(1·2·3단계)을 만들어 항상 연습하고 내용에 대해 철저하게 숙지하라. 환한 표정과 적당한 미소는 프레젠테이션에서 기본이다. 시선은 골고루 분산하고 상대의 눈과 간간이 마주쳐 신뢰감을 형성하라. 질의응답 과정에서는 언제나 긍정적인 태도로 임하라.

심리적인 부담을 깨뜨려라. 실패로 끝난 프레젠테이션의 기억은 최대한 빨리 지워라. 현재의 것을 파괴함으로써 얻어지는 대가는 시행착오의 대가보다 크다.

내 안에 숨어 있는 창의적 사고를 끄집어내라. 기존의 생각과 가치에 파묻혀 있는 자신의 사고는 세상 밖으로 내놓아야 한다.

경험으로 메시지를 강화하라. 가장 자신 있는 과거의 체험을 들려줄 때 가장 좋은 호응을 얻을 수 있다.

질문으로 청중을 끌어들여라. 청중에게 던지는 질문 속에 숨어 있는 에너지를 정확히 이해해야 한다. 상상력의 날개를 펼쳐라. 한 가지 주제를 가지고도 가능한 한 많이 생각하는 습관을 길러야 한다.

*Reading

중간 음높이의 목소리로 활기차고 분명한 소리를 낼 수 있도록 항상 발성 연습을 해라. 주변 사람들 앞에서 실제처럼 질의응답 형식의 연습을 해라.

질문의 기법

　질문을 주고받아야 의문점을 발견하고 효과적인 커뮤니케이션이 되며 질의응답은 이야기가 효과적으로 전달되도록 한다. 이는 대화나 토론의 기술을 익히는 데 중요한 의미가 있다.

　항상 부드러운 말투로 내용이나 생각의 차이를 말하고 지적하며 최종적으로 자기의 생각을 말하면 된다.

사회자는 오케스트라의 지휘자다

　사회자는 회의나 행사를 제대로 진행하는 데 없어서는 안 될 존재다. 많은 사람이 모여 있기 때문에 준비를 철저히 해야 한다. 그리고 정해진 목적을 이루어야 하기 때문에 책임이 무겁다.

　텔레비전에서 나오는 유명한 사회자는 말하기 기술을 타고난 것이 아니라 명사회자가 되기 위해 부단히 연습하고 노력해서 얻은 결과이다. 사랑하는 연인에게 이야기하듯이 감정이입을 잘하고 편하고 또렷또렷하게 말하는 자세가 필요하다.

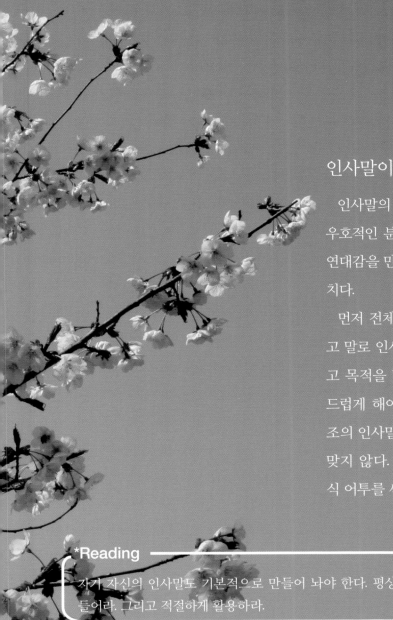

인사말이 중요하다

인사말의 목적은 듣는 사람에게 우호적인 분위기를 조성하여 서로 연대감을 만들어 가는 중요한 스피치다.

먼저 전체적인 말의 그림을 그리고 말로 인사하고 주제를 통일시키고 목적을 말하고, 이야기하듯 부드럽게 해야 거부감이 없다. 웅변조의 인사말은 요즘 시대에는 격이 맞지 않다. 부드럽게 말하는 회화식 어투를 써야 호응을 얻는다.

*Reading

자기 자신의 인사말도 기본적으로 만들어 놔야 한다. 평상시에 홍보용 멘트를 만들어라. 그리고 적절하게 활용하라.

회의는 맴버십이다

　회의는 의제를 정해 놓고 일정한 형식과 규칙을 준수하면서 다수결의 원리에 따라 안건을 능률적으로 결정해 나가는 진행 절차를 말한다.

　일단 회의에 참석하면 의장이나 사회자의 말에 따라 차분하게 대하며 도전하는 식으로 회의를 방해해서는 절대 안 된다. 일반적으로 회의는 상사가 있기 마련인데 상사의 말이 회의를 좌우하므로 상사는 될 수 있는 한 말을 아끼고 아랫사람이 활발하게 의견을 낼 수 있도록 유도해야 한다.

　회의는 참가하는 모든 사람이 맴버십을 발휘해야 성공시킬 수 있다.

호소력을 담아 낭독하라

우리는 사회 속에 살아가며 수많은 사람과 수많은 인사말을 주고받는다. 그리고 사회를 보고, 축사를 한다. 언제 있을지 모를 행사를 위해 미리 준비해 둔 원고로 낭독의 표현력을 갖춰라.

내용에 따라 강약을 조절하고 음의 높낮이를 만들고 적당한 동작 그리고 시선 배치 등의 많은 노력을 기울여라. 낭독에서 여유는 필수 조건이다.

낭독 시 문장이 끝날 때는 반드시 듣는 이들의 눈을 바라보라. 여유 있는 표정과 밝고 분명한 언어구사력은 낭독의 힘이다.

심리학, 서사적 말하기

제9장

스피치 완성은 자신감

심리학, 서사적 말하기

자신감은 스피치성공의 마지막 단계

자신감이 없어 보이는 사람은 남 앞에서 절대 스피치를 잘할 수 없다.

어떻게 보면 스피치의 완성은 자신감이다. '나는 스피치를 잘할 수 있다.'라는 생각만 해도 스피치를 성공할 수 있다. 이런 자신감을 가지려면 연습하고 훈련해야 한다. 좋은 스피치기법을 만들어 나에게 맞게 접목을 시켜야 한다.

자신감은 긍정에서 온다

항상 좋은 말을 하는 사람은 타인에게서 인정받게 되고 자신에 대한 자신감이 넘치며 긍정적 자아 이미지를 갖는다.

이런 사람은 긍정적 자아 이미지가 있기 때문에 자신감이 넘쳐 스피치도 자신 있게 할 수 있다. 이는 곧 스피치의 성공이고 성공하는 리더로 이어진다.

반대로 나는 안 된다고 생각하면서 대충 말하고 행동하면 부정적 이미지에 사로잡혀 절대로 성공할 수 없다. 자신감 없는 스피치는 남들에게 좋은 인상을 줄 수 없다는 것을 알아야 한다.

밝고 분명한 목소리로 자신감 있게 말하자.

자기평가가 높아야 자신감이 생긴다

자기평가가 높은 사람은 행복하고 건강하며 생산적이고 사회적으로도 성공하기가 수월하다.

자신감도 있고 도전정신이 있으며 대인관계나 스피치를 잘한다. 또 숙면을 취하며 암에 걸릴 확률도 적다고 한다.

반면 자기평가가 낮은 사람은 우울증 경향이 있고 매사에 비판적이며 자신감을 잃는다는 연구결과가 있다.

매사에 적극적이고 긍정적인 마인드로 자기평가를 높여라.

성공의 지름길은 자신감이다

자기 자신을 밝은 사람, 누구에게나 호감을 받는 사람이라고 스스로 평가하는 사람이라면 자기에 대한 자신이 있고 긍정적인 자아 이미지를 갖는다.

반대로 부정적인 이미지로 평가하는 사람은 부정적 이미지에 사로잡혀 실력과는 별개로 하나하나씩 위축되어 결국 자신감 결여로 성공하기 어렵다.

어느 대학의 면접 리허설에서도 자신감이 가득한 학생과 부족한 학생 간의 차이는 두드러졌다. 자신감이 없으면 누구도 이길 수 없고 득이 될 일이 하나도 없다.

오늘부터 나는 할 수 있다는 자신감과 강한 의욕을 갖고 시작하라. 그리고 성공하라.

심리학, 서사적 말하기

제10장

2, 3분 스피치로 감동을 주자

내가 사랑하는 사람이 되자

정호승님의 '내가 사랑하는 사람'이라는 시가 있다.

"나는 그늘이 없는 사람을 사랑하지 않는다.
나는 그늘을 사랑하지 않는 사람을 사랑하지 않는다.
나는 한 그루 나무의 그늘이 된 사람을 사랑한다."

지금 우리나라엔 깊은 그늘이 드리워져 있다. 이 그늘을 사랑해 마지
않고 껴안을 수 있는 사람들이 필요하다. 그늘을 진정으로 껴안을 수
있는 사람이 과연 누구일까. 이 많은 이 깊은 그늘을……

서동 왕자는 어떻게 왕이 될 수 있었나? 그 자신이 그늘이 되었기 때문 아닐
까? 그는 어린 시절 고난 속에 살았고 자신이 왕족인 걸 알면서도 백성이기를 자
처했다.

나에게 다정한 사람들, 나에게 득이 되고 해가 되지 않는 사람에게는 나 또한
사랑을 베풀 수 있다. 그러나 어두운 얼굴, 질병에 허덕이는 이들, 가난한 이들
에게 다가가는 것은 선뜻 내키지 않는다. 자선냄비에 그동안 미안한 마음 담아
소심하게 내는 몇 푼이 전부라면 고민해볼 필요가 많다.

그렇다. 지금은 우리가 모두 힘든 때다. IMF 구제금융 시기 이상으로 말이다.

정호승님의 '시 내가 사랑하는 사람' 2연은 이를 모두 공감하게 한다.

> "나는 눈물이 없는 사람을 사랑하지 않는다.
> 나는 눈물을 사랑하지 않는 사람을 사랑하지 않는다.
> 나는 한 방울 눈물이 된 사람을 사랑한다.
> 기쁨도 눈물이 없으면 기쁨이 아니다.
> 사랑도 눈물이 없는 사랑이 어디 있는가."

나무 그늘에 앉아 다른 사람의 눈물을 닦아 주는 사람의 모습은 그 얼마나 고요한 아름다움인가?

눈물 젖은 빵을 먹어보지 않은 사람은 인생을 논하지 말라고 했던가. 오늘날 눈물겨운 빵을 먹는 사람 또한 그만큼 많은 것도 우리 대한민국의 현실이다. 이 진통을 이겨낸 뒤엔 우리 아이들의 밝은 내일이 있음을 알기에 우리는 서로 껴 안는 사랑을 실천해야 한다.

그늘을 껴안고 그늘이 될 사람, 눈물을 사랑하여 한 방울 눈물이 될 사람은 다름 아닌 '나'라는 것을 잊지 말자.

> "나무 그늘에 앉아 나뭇잎 사이로 반짝이는 햇살을 바라보면 세상은
> 눈이 부시게 아름답습니다."

아홉 손가락

완고하시고 무뚝뚝하신 아버지는, 따뜻한 말씀 한마디 하신 적 없으시지만, 가슴으로 자식을 사랑하시는 한 분뿐인 아버지이십니다.

청년 때, 열정과 학식을 겸비한 엘리트이셨습니다. 그러나 집안 장남으로 꿈을 접고, 농부의 길을 걸어야 했던 아버지는 열심히 최선을 다해 농사꾼의 대를 이어가셨습니다.

그러던 어느 날, 막냇동생이 일하시는 부모님을 찾아 철길을 건너다가 사고가 났습니다. 아장아장 걸었던 동생은, 기차에 백여 미터나 끌려가 피투성이가 된 채 숨소리조차 들리지 않는데, 불길한 예감에 맨발로 뛰어오시며 제발 내 자식이 아니길 기도하고 또 기도하셨답니다.

동생을 포기하라는 병원 의사의 말에도 포기하지 않으시고, 정읍에서 익산까지 보기도 싫은, 그 끔찍한 기차를 타고 다니시며, 동생을 천신만고(千辛萬苦) 끝에 살리셨습니다.

열심히 일구었던 땅은 동생 병원비로 온데간데없이 남의 것이 되어버리고, 남은 것은 빚뿐이었습니다. 동생이 살아 돌아온 건 기뻤지만, 아버지의 한숨 소리가 온 집안을 무겁게 했습니다.

새벽별을 보고 일을 나가시면, 저녁달을 보고 돌아오셨다는 아버지는 동네 모든 논밭을 발로 밟지 않은 땅이 없을 정도로 열심히 일하셨습니다.

그러던 중, 아버지 새끼손가락이 농기계에 끼어 절단되었습니다. 어머니가 숨죽여 우셨습니다. 저의 4남매도 울었습니다.

저의 아버지 손가락은 아홉 개입니다.
저의 아버지 손가락은 아홉 개입니다.
자식들을 위해 헌신하신 아버지는 지금까지도 땅을 버리지 않고 농부의 길을 걷고 계십니다.

사랑하는 아버지, 당신의 새끼손가락을 볼 때마다 이 딸은 가슴이 시리고 아파져 옵니다. 아버지의 마디마디 굽은 손가락은 피와 살이 된 자식들의 손가락이 되었습니다. 이제 내 열 손가락이, 아버지의 열 손가락이 되어 드리고 싶습니다.

"아버지 사랑합니다."

어머니 사랑

사랑은 정의를 내릴 수 없고 시시각각 다른 모습으로 인간이 살아가는 에너지를 내뿜는 정체불명의 우주 행성 같은 것이다. 그것이 삶에 대한 애착이든, 철저한 이타주의이든, 박애정신이든…

신은 자신이 할 수 없는 것을 가능케 하려고 어머니를 만드셨다는데 과연 사랑 중에 가장 위대한 사랑은 어머니의 사랑이 아닐까요?

심리학, 서사적 말하기

제11장

사랑, 꿈(VISION), 긍정의 힘, 독서

사랑

정말로 사랑한다면 사랑한다고 표현하라.

사랑의 표현이야말로 이 세상에서 가장 값진 표현이다. 요즈음은 누구든지 자기 자신이 그 무엇보다 소중하다고 여기기 때문에 사랑을 표현하는 일이 많지 않다. 혹은 너무나 적극적인 사랑을 표현하기도 한다.

부모님에게 아내에게 그리고 남편과 자녀에게 사랑을 표현해보라. '나'라는 인식보다 '우리'라는 인식 속에 살면서 항상 사랑한다고 표현하라.

"부모님 정말 사랑합니다." "난 당신을 진심으로 사랑합니다."

"여보, 사랑하오." "아빠는 너를 사랑한단다." "저는 여러분을 사랑합니다."

이렇게 평상시 늘 사랑한다고 말하라.

꿈 Vision

꿈이 있는 사람은 리더십을 발휘할 수 있는 사람이다. 큰 꿈과 희망으로 모든 사람에게 용기와 힘을 주기 때문이다.

소박한 꿈에서부터 큰 꿈에 이르기까지 꿈을 이루기 위해 열심히 일하고 노력하라. 꿈을 이루는 것이 바로 비전이다. 자기의 계획을 하나하나 이루어 나가라.

"먼저 꿈꾸지 않는다면 그 어떤 일도 일어나지 않습니다(Nothing happens unless first a dream)."

먼저 꿈을 만들어라! 그리고 그 꿈이 이루어질 때까지 외쳐라!
"나는 나의 꿈이 있다."라고.
꿈을 정하라, 그리고 계획을 세워라.
꿈을 이루기 위해서 외치고 실천하는 사람이 되어라.

긍정의 힘

릿쇼 대학교 사이토 이사무 교수는 모두 사람은 긍정적인 사고를 받아들이는 타이밍이 중요하다고 강조한다. 남을 신뢰하고 신뢰받는 것, 그것이 긍정적인 자세의 기본이다. 오랫동안 겪는 불황과 그 탓에 받는 스트레스로 소극적이고 움츠러드는 경향이 있다. 그렇다고 부정적 사고를 갖게 되면 앞으로 발전은 없다.

지금 바로 바꾸자. 긍정적인 자세로!

독서로 고품격 있는 스피치를 구사하라

　사람의 심금을 울릴 줄 아는 사람은 바쁘고 안 바쁘고를 떠나 늘 '책'에 대한 이야기가 풍부하다.

　요즘 잘 나가는 사람은 경영 트렌드보다 '책'과 '역사' 심지어 '시'에 대해서도 일가견이 있다. 특히 철학서, 자서전, 인문서에 관심이 크고 중요한 사람에게는 자신이 읽어본 책을 선물한다.

　책 속에는 고품격 스피치를 구사할 수 있는 내용이 많다. 눈부신 어휘력, 화제를 선도하는 스피치를 하라. 그럴수록 당신의 주위에는 멋진 사람이 몰려들 것이다.

심리학, 서사적 말하기

펴 낸 날 2024년 2월 3일

지 은 이 김기수
펴 낸 이 이기성
기획편집 윤가영, 이지희, 서해주
표지디자인 윤가영
책임마케팅 강보현 김성욱
펴 낸 곳 도서출판 생각나눔
출판등록 제 2018-000288호
주   소 경기도 고양시 덕양구 청초로 66, 덕은리버워크 B동 1708, 1709호
전   화 02-325-5100
팩   스 02-325-5101
홈페이지 www. 생각나눔.kr
이 메 일 bookmain@think-book.com

• 책값은 표지 뒷면에 표기되어 있습니다.
  ISBN   979-11-7048-655-8 (03170)